活着就是为了改变世界　每件事都要做到精彩绝伦

史蒂夫·乔布斯语录

倪静东　编著

全国百佳出版社
中央编译出版社
Central Compilation & Translation Press

图书在版编目(CIP)数据

史蒂夫·乔布斯语录/倪静东编著.
—北京:中央编译出版社,2011.11
ISBN 978-7-5117-1064-2
Ⅰ.①史… Ⅱ.①倪… Ⅲ.①乔布斯,S.(1955~2011)-语录 Ⅳ.①K837.125.38
中国版本图书馆CIP数据核字(2011)第211871号

史蒂夫·乔布斯语录

出版人 和 龑
责任编辑 周新力
责任印制 尹 珺
出版发行 中央编译出版社
地 址 北京西城区车公庄大街乙5号鸿儒大厦B座(100044)
电 话 (010)52612345(总编室) (010)52612369(编辑室)
(010)66161011(团购部) (010)52612332(网络销售)
(010)66130345(发行部) (010)66509618(读者服务部)
网 址 www.cctphome.com
经 销 全国新华书店
印 刷 北京中印联印务有限公司
开 本 787毫米×960毫米 1/16
字 数 100千字
印 张 12
版 次 2011年11月第1版第1次印刷
定 价 28.00元

本社常年法律顾问:北京大成律师事务所首席顾问律师 鲁哈达
凡有印装质量问题,本社负责调换,电话:(010)66509618

前　言

他从没有站在政治论坛上尽情演讲，他也不是文学、宗教、哲学大师，但他却推动了人类现代文明的发展，让世界变得神奇而美妙。他，就是英年早逝的美国苹果电脑公司创始人、当代伟大商业领袖和创新领袖之一——史蒂夫·乔布斯。

出生在美国旧金山硅谷地区的乔布斯，一生充满传奇色彩。作为移民后代的他，大学辍学创办苹果公司，推出全球首部个人计算机，短时间内声名鹊起，其后却因权力斗争而黯然离开自己创立的苹果公司。当苹果公司濒临倒闭之际，乔布斯临危受命，回归苹果，并陆续推出音乐播放器、智能手机及平板计算机等多款革命性产品，令苹果公司一洗颓势，逐步发展成为全球市值最大的企业。

曾经有人说过：三个苹果改变世界，其中，夏娃的苹果让人有了道德，牛顿的苹果让人有了科学，而乔布斯的苹果让人有了

生活。从个人电脑，到ipod、iphone和ipad，苹果公司的产品一再改变了现代人工作、通讯、生活以至娱乐的模式。全球科技企业把苹果的新产品视为市场风向标；全球数以亿计的消费者热爱苹果公司的产品，投以宗教般的虔诚。

在乔布斯事业取得成功的同时，人们经常艳羡地谈起他狂妄的性格以及这种性格所带来的传奇故事。但肯定的是，苹果公司的产品能颠覆现代人的生活方式，绝非因为乔布斯的狂放不羁，而是源于他特立独行的性格之下的不竭创新。美国总统奥巴马评价乔布斯为美国最伟大的创新领袖之一，“他拥有非凡的勇气去创造不同的事物，并且以大无畏的精神改造着这个世界，同时他卓越的天赋也让他成为能够改变世界的人。”

“天堂里没有苹果，所以上帝把他带走了。”2011年10月5日乔布斯走完了他56年人生路，全球数亿消费者以各种方式表达无尽的哀伤。俄罗斯总统梅德韦杰夫说，“乔布斯改变了整个世界，没有人不羡慕他过人的才华和智慧”；乔布斯的苹果联合创始人沃兹尼亚克评论说，“我们失去了一些无法挽回的东西”，但是乔布斯“留下了宝贵遗产”。

乔布斯的英年离世，令人扼腕。人们在感怀乔布斯为时代所做贡献的同时，也深刻感悟到乔布斯给留给我们的无尽启迪。对于想深入了解乔布斯的人们来说，《史蒂夫·乔布斯语录》可能是最直接、最简洁的一本书。本书通过乔布斯生动、鲜活的语言，精准的展现了这位传奇人物的内心世界和生命旅程，让我们看到一个真实而又新鲜的乔布斯，如在“品牌篇”、“创新篇”、“事业篇”等篇章中，我们通过乔布斯独特的语言，将他的事业状态和内心奥秘表达的深刻清晰而又淋漓尽致，向读者展现了极具史料价值和现实意义的深度信息。

不是每一位商业领袖的语录都是值得传诵的，乔布斯是个例外，他的人生；他的话语足以让我们更加深刻体味工作之乐趣、更加深入激发工作之激情。在缅怀这位伟人的同时，愿《史蒂夫·乔布斯语录》能给人以启迪。用乔布斯的话作为结语吧，“工作必将成为你生活中的重要组成部分，要有一个初学者的心态，犹如新生儿面对这个世界，永远充满好奇、求知欲和赞叹”！

倪静东

2011年10月

目 录

CONTENTS

使命篇

活着就是为了改变世界，难道还有其他原因吗？

我认为我和比尔·盖茨是世界上最幸运的两个人，在正确的地点、正确的时间，发现了我们真正爱做的事情。夫复何求？

我没有把人生看做一场事业。我会有所作为，也对周遭世界作出反应。我所做的一切不只是事业，而是我的人生。

创新改变时代

★ 我们的竞争对手，包括戴尔（Dell）、捷威（Gateway）以及康柏（Compad），事实上都是渠道商。它们采用微软以及英特尔（Intel）的技术，进行组装，然后再进行配送。它们能否成功取决于铺货的模式和后勤支援的效率。

但是，它们本身并没有创新行为，创新的速度在这个生意圈内很不幸的慢了下来甚至于停止了。苹果电脑是这个产业里硕果仅存的一家，还一手包办了硬件、软件，与研发人员维持关系以及建立营销公司。就我看来，这也是苹果的王牌秘诀。

★ 就像许多公司一样，你看到一款概念汽车，够酷够个性。四年后，你突然看到有人在开着它上街，到处是它的广告。你心跳加速，跑到销售商那里买车。这就是创新变成财富的

过程。

★ 成为墓地里最富有的人对我来说没什么意义，有意义的是，当我上床睡觉时我可以说我今天做了一些美妙的事情。

活着就是为了改变世界

★ 活着就是为了改变世界，难道还有其他原因吗？

★ 我认为我和比尔·盖茨是世界上最幸运的两个人，在正确的地点、正确的时间，发现了我们真正爱做的事情。夫复何求？

★ 17岁时读到的一则格言影响了我："如果把每一天都当做生命中的最后一天，你一定会找到人生的方向。"过去的33年，每天早上我都会揽镜自问："如果今天是我人生的最后一天，那我要做些什么？"当我连续多天都得到"没事做"的答案时，那就是该改变的时候了。

提醒自己快死了，是我在作重大决定时最重要的工具。因为几乎每件事，包括所有外界的期望、名誉和所有对困窘或失败的恐惧，在面对死亡时，全部都会消失，而只有最重要的东西才会留下来。用死亡提醒自己，是避免陷入害怕失去的欲望陷阱的最好方法。有些东西生不带来、死不带去，为什么不顺

心而为!

★ 人这辈子没法做太多事情，所以每一件都要做到精彩绝伦，我们本可以在日本某地的某座寺庙里打坐，我们本可以扬帆远航，管理层本可以去打高尔夫，他们本可以去掌管其他公司，而我们全部选择了这辈子来做这样的一件事。所以这件事最好能够做的好一点。

★ 我没有把人生看做一场事业。我会有所作为，也对周遭世界作出反应。我所做的一切不只是事业，而是我的人生。

完美主义

★ 了不起的木匠是不会用糟糕的木头做柜子的背面的，虽然没有人会去看它。

★ 在苹果电脑的第一份宣传材料上，大家可以看到一个苹果的图案。简单的一个水果图形——苹果，如此简单的图案呈现出极高的工艺水平。当你开始注意到一个问题，并且认为该问题看起来似乎十分简单时，意味着你很可能根本不了解问题的复杂性。唯有深入问题的核心，才能明白其复杂性，也才能找出其根本的解决方案。这就是我们在设计Macintosh电脑时的野心。

★ 设计出来的Macintosh电脑就应该这么大，不能再让它的体积变大了。如果再加大，用户会受不了的。另外还有，我一看到这些方方正正的像盒子一样规矩的电脑就厌烦，为什么不能把它设计的更高而不是更宽呢?

★ 我们把屏幕上的按键做得如此之好，真让人恨不得舔一下。

前瞻推动行业发展

★ 我大部分时间都花在前瞻性工作上。在我们的高层管理队伍中有很多优秀人才，我可以把公司一般的日常工作交给他们，我可以把时间放在其他方面，例如我会把更多时间放在销售工作上。每个星期我还会花2~3个小时与正在开发ilife应用程序的OSX小组会面。

★ 在消费市场上，设计、可靠型、简单性、优秀的营销和高雅的包装是一件商品最重要的财产。这是一个循环，苹果公司要做消费产品领域最优秀的领军者。要想给我们的行业带来巨大变化，我们需要将技术、人才、业务、营销以及好运气综合在一起。当然，这样的事情并不经常发生。

★ 电脑的竞争将不再是中央处理器的速度，也不再是内存的大小。电脑一定是信息工具。信息工具在乎的不是计算，不是解析度，不是内存，信息工具在乎的是信息的速度、信息的完整和信息的移动性。

★ 你不可能准确地预测将来发生的事情，但是你可以感觉到我们要前进的方向，然后你只需退后一步，让开，让一切顺其自然。

我及时寻找未来发展的方向：什么东西正在改变？有何种趋势？哪些窗口刚刚打开，又有哪些窗户即将关上？

★ 看吧！你应该做正确的事。就拿软驱来说，人们就是脑袋不清楚。谁要把4GB的硬盘资料备份到1MB的磁盘上？如果他们真的要备份会用Zip驱动器，但Zip驱动器装在消费性产品上则太贵了。除此之外，很少有人会备份，为什么我们要在每个系统上都增加这项成本？使用软驱的第二个理由是要散布软件，但许多软件现在都是以光碟形式推出，又好又便宜。

★ 你知道事情发生的相当缓慢。它们的确如此。你可以在这些技术浪潮远没有出现之前预见到它们，不过你必须作出明智的选择，你要成为哪一波技术浪潮的弄潮儿。如果你的选择不明智，那么你就会浪费大把的精力，但是如果你的选择很明智，那么它实际上会非常缓慢地向前发展。这需要许多年。

★ 多年前，我们的一个最重要认识是：如果我们掌握或控制不了某个行业的主要技术，我们就不进入那个领域，否则就会遭遇惨败。我们意识到，对几乎所有未来的消费产品而言，主要技术都将集中在软件上，而软件正是我们的强项。我们可以开发操作系统软件；我们可以不编写应用程序，如Mac或个人计算机上的iTunes，我们可以编写设备中使用的程序，就像你安装在iPod或iphone中的那些程序，而且为你我们还能编写极为好用的商务后台软件。因此，我们的确可以编写各种不同的软件程序，并且把它们组合在一起，让它们实现无缝融合。你想，还有哪家公司可以做到这些？答案恐怕是寥寥无几。

★ 我们搬进新家，我们会做的第一件事情就是打电话给电话公司接通我们的电话线路。然而年轻人只会把他们的手机带来。

音响设备也一样，年轻人不买音响，他们只为他们的iPod买喇叭。这就是今天的音响市场。人们宁愿买iPod和Bose音响，也不愿意购买日本胜利（Jvs）公司或者索尼公司的大型立体音响系统。而那些生产大型音响的“家伙们”也从来不对我们说：“我们可否与你们的iPod合作？”这些公司坚持的是旧的生产理念。

★ 众所周知，如今全世界大部分手机是非智能手机。在未来几年内，这些非智能手机中的很大一部分将被换成智能手机，因此市场的蛋糕会越来越大。我认为这一市场空间将允许几家公司同时获得成功，但由于大部分的非智能手机最终都

将转到智能手机平台，手机市场将成为零和游戏，或至少是接近零和游戏。我认为现在的市场竞争实质是开发者和用户的竞争，而Iphone和Android是胜出者。

创新篇

我们的系统秘诀就是没有系统，这并不意味着我们公司没有科学的流程。苹果公司是一家纪律严明的公司，我们拥有了不起的生产流程，但我们关心的并非流程本身，而是怎样使流程令公司运作更加有效。

我们有很多用户，我们也对现有的买家作了大量研究，我们还非常小心地关注行业趋势。但最后由于这一做法将某些事情复杂化了，所以要通过用户小组进行产品设计真的很难。很多时候人们不知道自己想要什么，直到你将成品展示在给他们面前。

核心技术

★ 我认为，所有的用户是真心喜爱我们的产品。而且我们一直在尝试精益求精。

★ 苹果电脑再次引领整个产业的走向，而且对于这样的情况，我们乐此不疲。

★ 当时我认为，那是我一辈子见过的最优秀的作品。现在回想起来，它还有很多缺陷，我们看到的东西并不完美，开发人员犯了很多错误，不过，当时我们并不知道这一点。但我们仍然认为他们有了思考的种子，而且他们做得非常出色，10分钟之内我就清楚地认识到：将来的电脑都将是这样运作的。

★ 我总是想拥有或控制我们所做的所有事的核心技术。

★ 施乐公司的高层管理人员基本上都是管理复印机业务的负责人，他们根本不了解电脑，或者说他们根本不了解电脑可以做什么。因此在电脑行业，他们从这一最了不起的成功发明中收获的只是失败。施乐公司本来有可能拥有整个电脑行业。

★ 许多颠覆型的想法，多在睡觉前产生。

★ 并不是每个人都需要种植自己吃的粮食，也不是每个人都需要做自己穿的衣服，我们说着别人发明的语言，使用别人发明的数学……我们一直在使用别人的成果。使用人类已有的经验和知识来进行发明创造是一件很了不起的事情。

★ 我来展示另一种应用，那就是电子书阅读器。亚马逊在这一领域书出色的先驱，我们站在他们的肩膀上，推出自己的新应用——iBooks。

★ 我们总是设法将技术和人文科学地交叉——不光要植入最佳的技术，还要使这些技术更容易被感知。这正是我们推出ipad的两个重要原因。

极简主义

★ 我们对做过的事情感到自豪，但我们为没有去做的事情同样感到自豪。人们以为“专注”的意思就是对你必须关注的事情点头称是。错!“专注”的全部内涵在于你要敢于说“不”。“专注”就是拒绝自己的欲望，就是必须对另外100个好主意说“不”!

★ 随着技术变得越来越复杂，苹果公司知道，应该使复杂的技术变得让普通人也完全可以理解，消费市场对这种做法的需求越来越大。

★ 苹果公司完成了最擅长的工作：使复杂的应用程序变得更加简单，并且使它们在应用过程中拥有更强大的功能。我们希望更简单的界面将能够带领更多的人进入数字音乐革命。

创新无系统

★ 我们的系统秘诀就是没有系统，这并不意味着我们公司没有科学的流程。苹果公司是一家纪律严明的公司，我们拥有了不起的生产流程。但我们关心的并非流程本身，而是怎样使流程令公司运作更加有效。

★ 创新的理念可能来自于走廊上的一次碰面，可能来自于晚上十点的一次电话交流，也可能来自于一个分享新创意而召开的临时会议。在创新的同时还必须懂得说“不”以免过犹不及。我们总是计划打入新的市场，但却必须懂得说“不”，才可以把精力集中在最重要的地方。

★ 我们很认真地思考如何制造了不起的产品。我们并不会有这样的想法：让我们变得富有创意吧！让我们去参加一个研习班吧！这里有5条创新法则，让我全公司都来遵守吧！系统化创新就像装酷的人一样，让人看着感觉非常痛苦……就像看着迈克尔·戴尔尝试跳舞一样，太痛苦了。

★ 我们有很多用户，我们也对现有的买家作了大量研究，我们还非常小心地关注行业趋势。但最后由于这一做法将某些事情复杂化了，所以要通过用户小组进行产品设计真的很难。很多时候人们不知道自己想要什么，直到你将成品展示在给他们面前。

创造“革命性”产品

★ 我更愿意与索尼竞争，而不是与微软竞争。我们是唯一一家拥有全套产品的企业——硬件、软件和操作系统。我们可以完全控制用户体验，我们可以做其他企业做不到的事情。

★ 它让人感觉很了不起，我们觉得工作是一种享受。苹果公司的大多数员工早上迫不及待地上班工作。但这并不是说苹果公司正在蜕变成一个批量生产消费型电子产品的公司。我们的基因没变。相反，批量消费型电子产品正蜕变成苹果。

iphone

★ 我们想要重塑手机的意义。什么是杀手级应用？杀手级应用就是创造通信的新应用！轻松打电话！

很多电话打起来实在太痛苦，我们要让大家有全新的通话体验，一种自由自在的语音通信感觉，就像可以直接使用语音邮件一般。Iphone是一款GSM+EDGE手机。没有3G传输，但我们有Wi-Fi和蓝牙2.0传输。

★ 在这个世界上每天都有一些具有革命性的产品陆续推出，我们很高兴能参与这种具有革命性的工作，当然我们也贡献了很多具有革命性的新产品。一台ipod，一部手机，一个具有突破性的网络通信装置——而我们准备叫它iphone!

Ipad

★ 我觉得我们做出了更好的。Ipad既要优于笔记本电脑，也好过智能手机，它是我从业以来最伟大的产品。

★ 我认为，所有的用户是真心喜爱我们的产品。而且，我们一直在尝试精益求精。现在所有人都在抄袭我们，但是我们遥遥领先。

★ 苹果电脑再一次引领整个产业的走向，而且对此我们了乐此不疲。

站在艺术和科学的交叉口

★ 你们在过去一年里做出来的所有东西，我们都要全盘否定，从头再来，而且必须加倍努力，因为已经没有时间了。

★ 我从来都不认为艺术与科技是相互分离的。达·芬奇是一位伟大的艺术家，也是一位伟大的科学家。我所认识的最优秀的十几个电脑科学家全部都是音乐家。这些人很优秀，他们都认为音乐是生活的一个重要组成部分。我不认为各领域最优秀的人才只是将自己视为一棵枝丫繁多的树木上的一条分枝而已。人们将所有这一切综合起来。

★ 我一直记得宝丽来的兰德博士所说的“我希望宝丽来站在艺术与科学的交叉口”。我认为这是有可能实现的，并且应该有很多人都曾经尝试过。

★ 我清楚的意识到，在想要自己组装电脑的硬件爱好者中，大约有1000个人虽然没有这个能力，但的确愿意花很多时间去设计……就像 10岁时所做的事情一样。对于Apple Ⅱ，我梦想这是第一台真正包装好的电脑……我突然产生了一个想法，希望把这台电脑放在塑料机箱中。

★ 我一直认为苹果的位置处于人文艺术和科学技术的交界处。当然，我们所做得一切必须要有商业价值，但他向来并非我们的出发点。

★ 我愿意用自己享受的一切高科技，换取与苏格拉底共度一个下午的机会。

★ 我们将通过自我创新来摆脱现在所处的衰退趋势。

★ 永远不要让曲高和寡的产品定位在保持了超高利润率的同时，失去了市场份额。

★ 我认为，长期以来苹果公司最了不起的地方是其DNA并没有改变。过去的几十年里，苹果公司一直坚守的阵地正是将电脑技术和消费电子产品市场融合。因此不是我们要过河到达对岸，而是河对岸朝我们走来。

★ 设计是个有趣的词。有些人认为设计代表外形看起来如何。但是如果深入思考，它实际上代表的是融合"运作"。要设计出好东西，你必须"抓得住它"，你得与它心意相通。要透彻地了解一件事物需要热情的支持……多数人不会花时间来做这种事。

★ 这与流行文化无关，与愚弄大众无关，而且与说服大众以让他们愿意购买人们本来不想要的东西也无关。我们需要明白自己想要的是什么。而且我认为我们比较善于用正确的标准来判断大众是否也想得到它。

将不同的事物相关联

★ 你看看奔驰的实际尺寸，锐利的细节与流线型线条之间的比例。过去这些年，他们的设计变得更加柔和了，但是细节却变得更加突出。这正是我们要在Macintosh电脑身上做到的。

★ 你不可能发明所有的东西。但产品的主要技术是什么？产品的理念是怎样的呢？灵感来自于哪里呢？我只能说，1.8英寸硬盘并不是为ipod而发明，也不是ipod的主要技术，但灵感却是来源于此。

★ 创意就是将不同的事物联系在一起。如果你问富有创意的人他们是如何做某件事情的话，他们会觉得有点内疚，因为他们并没有真正地去做这些事情，他们只是将自己经历的事物联系在一起，然后加以综合，进而创造出了新的事物。他们能够做到这一点的原因在于同他人相比他们拥有更多的经历，或者他们对自己的经历进行过更多的思考。

不幸的是，我们这一行业中的很多人都没有丰富的经历。因此，他们没有足够的点供自己连接，最终他们只能提出缺少对问题广阔思考的线型解决方案。对人类经历的理解越深入，我们就可以产生越好的设计。

★ 我跟随好奇心和直觉所做的事情，事后证明大多数是极其珍贵的经验。

我举一个例子：那个时候，里德大学拥有大概是全美国最好的书法教育。整个校园里的每一张海报、每一个抽屉上的标签，都是漂亮的手写体。由于已经退学，不用再去上那些常规的课程，于是我选择了一门书法课程，想学学怎么写出一手漂亮字。在这门课上，我学习了各种衬线和无衬线字体，学习如何改变不同字体组合之间的字间距，学习如何做出漂亮的版式。那是一种科学永远无法捕捉的充满美感、历史感和艺术感的微妙，我发现这太有意思了。

钱并不是创新的关键

★ 创新与研发资金的多少没有关系。当苹果公司推出Macintosh电脑的时候，国际商业机器公司（IBM）的研发开支至少是苹果的100倍。创新与资金没有关系，关键是你所拥有的人才状况，你如何领导他们以及你对创新的理解。

★ 我们的朋友微软在研发上面花费60亿美元，但是现在他们却在尝试抄袭苹果和谷歌的生产模式。这就表明，并不是所有东西都是可以用钱买到的。

设 计 篇

我们知道，我们的目前已经推出最好的产品，但还可以做得更好，因此，我们每天工作时，想的并不是我们何时能使苹果公司扭转绩效，我们更想知道如何制造出更棒的产品。

两家公司在这些年来取得巨大的成就，确实令人赞叹。但苹果公司只是希望能制造出先进、实用而精美的产品，希望能够对行业有所贡献。这也是我的一个信念。

设计不流于形式

★ 在多数人的语境里，“设计”意味着装饰，它是室内装潢，它是窗帘和沙发的布料。但是对我而言，设计的重要性不容忽视。

设计是人工创造的基本精神。最后以产品或服务的一个又一个外层表达它自己。

★ 那不是设计上的失败，而是概念的失败。“Cube”瞄准的是专业人士市场，我们以为他们会想要在桌上摆一个灵巧的电脑，而不是那么在意扩充能力，我们错了，这是个错误的概念，是一个执行的非常好的错误概念。

创造最完美产品

★ 我们知道，我们的目前已经推出最好的产品，但还可以做得更好，因此，我们每天工作时，想的并不是我们何时能使苹果公司扭转绩效，我们更想知道如何制造出更棒的产品。

★ 两家公司在这些年来取得巨大的成就，确实令人赞叹。但苹果公司只是希望能制造出先进、实用而精美的产品，希望能够对行业有所贡献。这也是我的一个信念。

★ 你们可知道，我根本不在乎市场占有率。我所关心的是怎样制造出世界上最好的个人计算机。只要能够达到这一目标，我们公司的市场占有率自然会上升。

★ 我们生产了许多产品，我们勤奋工作。我们说：“这太棒了，让我们再多做些吧。”

设计颠覆性产品

★ 有了ipod，听音乐再也不是一成不变的事情了。

★ 苹果正以20年未曾见过的方式释放其创新和创造能力。看看它的业绩吧。这不是一家只有5%左右市场份额的公司，而是一家有实力与世界级大公司竞争的公司。在有些领域，它的市场份额高达65%~70%，甚至90%。

★ 苹果公司已经竭尽所能，让复杂的应用变得简单，使用起来功能更强。iTunes已经超越了其他音乐播放软件。我们希望它简单的用户界面能使更多的人参与数字音乐革命。

★ 我们都有手机，它们实在不太好用。软件糟糕透顶，硬件也不怎么样。我们和朋友聊起来，他们也都不喜欢自己的手机。而且我们发现，这些因素实际上可以变得非常强大。这是个巨大的市场。我的意思是，每年的电话出货量有10亿部，这简直是巨大的订单，超过了音乐播放器。它每年的出货量是个

人计算机的4倍。

★ 这是一项艰巨的挑战：让我们开发一部能让我们爱不释手的卓越电话吧！从未有人想过把OSX这样尖端的操作系统安装在手机里，因此这的确是个问题。我们在公司内部就能否这样做展开了激烈争论。而这是我必须做出裁决的问题，因此我就说：“我们准备这样做，让我们试试吧！”最聪明的软件人员说他们能够做到，那就让他们试试，结果他们成功了。

换一种方式思考

★ 你们可能想象不到有多少人认为我们不研发牛顿掌上电脑简直就是一种不可思议的做法。有很多人都有这种想法。但我也一直反思，掌上电脑真的有用吗？

★ 我不想做出预计，我只给你确定的数字。几个季度之内，iPad的销量就将超过Mac电脑。

★ 从事技术产品工作，如果你够幸运，产品将获得成功；如果你非常非常幸运，产品可能会大获成功并持续一年；如果你身处神殿，受众神庇佑的话，产品能够持续十年，然后迅速成为积淀层，成为构成下一技术层的基础。我敢保证，20年后，你将无法启动我们现在的任何一台计算机。但是，《白雪公主》一书的销售量达到了2800万本，而且它已经有60年的历史了。大家都不会再给小孩读希罗多德（Herodotus）或者荷马

(Homer)的作品了，但是，每个人都看电影，这些就是我们当今的神话。迪士尼将那些神话注入到了我们的文化中，皮克斯动画公司也很有希望做到这一点。

激 励 篇

我过去常常认为，一位出色的人才可以顶2名平庸的员工，现在我认为能顶50名。

忘掉一些规则，尽可能地以最极端的思维方式来思考……

如果你可以当一个海盗，为何要加入海军？

打造精英团队

★ 我过去常常认为，一位出色的人才可以顶2名平庸的员工，现在我认为能顶50名。

★ 我一直认为，我工作的一部分就是保持我所在组织的员工的高水平。这是我认为我个人可以为之贡献的少数事情之一——为组织慢慢灌输其拥有“A级”参与者的目标。在寻求世界上最优秀的人才方面我做的每一件事都是值得的。

★ 糟糕的出租车司机与优秀的出租车司机之间并没有大的区别，糟糕的酒店厨师与优秀的酒店厨师之间也没有什么大的区别。但是，在工业设计或者编写程序方面，优秀与糟糕之间的区别却非常大。好的设计师要比糟糕的设计师好上100倍甚至200倍。在编写程序方面，优秀程序员与普通程序员之间也有着很大的差别。

★ 我们所需的只是四大产品平台，如果我们能够成功构建这些平台的话。我们就能够将A级团队投入到每一个项目中，而不需要使用B级或者C级团队。也就是说我们可以更加迅速地完成任务。这样的组织结构非常流畅、简单，容易看明白，而且责任非常明确。一切都简化了，这正是我的信条——聚焦与简化。

★ 员工拥有出众的才华是公司的一大竞争优势，这一优势使公司优于竞争对手。这可能真的非常难，但如果能够利用我们的头脑的话，对我们而言则非常容易。因此，接下来我们做了几件事情：其中一件是，我开始打听当时谁是最优秀的零售经理，每个人都说是米勒德·德雷克斯勒（Millard Drexler），他当时正负责经营美国品牌时装Gap。

★ 当我聘用某位真正的资深人士时，能力就是赌注。他们必须真的很聪明。但对我来说，真正的问题是，他们会爱上苹果公司吗？

因为如果他们爱上了苹果公司，其他所有事情都会迎刃而解。他们会希望做对苹果公司最有利的事，而不是做有利于他们自己、有利于乔布斯或者其他什么人的事。

招聘绝非易事，就像大海捞针。我一生中参与过对大约5000多人的招聘。我对这件事的态度非常认真。你在一个小时的面试中不可能了解到足够多的信息。因此说到底，它最终还是取决于你的直觉。我对此人印象如何，当他们面对挑战时会有怎样的表现，他们为什么来这里？我会问每个人："你为什么来这里？"我寻找的并不是答案本身，而是描述本身的特性。

★ 在面试过程中，我会多次故意让面试者感到心烦意乱，例如批评他们之前的工作。当然，我也会做一些事先准备，看看他们之前到底是从事什么工作的，并对他们说："那真是一个没用的产品，你为什么要从事那项工作呢……"我想看看在面临压力的情况下他们会有什么表现。他们是否会屈服、他们是否对自己曾经做过的事情持有坚定的信念、信仰和自豪感。

★ 当你发现有些员工并非最优秀的人才而不得不开除他们时，这是一件非常痛苦的事情，但是这就是我的工作：开除一些不合格的人。我一直都非常讨厌以仁慈的方式做这件事情。不管怎么样，这件事一定要做，尽管这从来都不好玩。

简单即美

★ 苹果公司有很多非常了不起的人才，但皮克斯动画公司的工作团队是我所见过的优秀人才的最高浓缩。皮克斯动画公司有一位用电脑生成植物图像高手——三维电脑制作博士。公司还拥有世界上最优秀的动画人才。此外，皮克斯动画公司比苹果公司更具有多学科性。最关键的是皮克斯动画公司的规模要比苹果公司小得多。皮克斯动画公司共有450名员工。如果一个公司的员工达到2000人的话，它是绝对不可能拥有像皮克斯动画公司一样的人才集合的。

★ 你在很多公司都会发现这种情况，当你看见设计部门设计出来的车型时，它真的太酷了，而4年后你看到生产线生产出的汽车产品时，它是不是很糟糕？4年前它们几乎做到了！它们已经胜利在握了！在即将胜利的关口，它们却失败了！这其中到底发生了什么？之前设计师确实提出了非常好的想法。然后他们把这一想法交给了工程师，工程师说："不，我们做不了那是不可能的"。于是这一想法开始变得糟糕了。然后工程师把它交给生产部门，生产部门又会说："我们没办法制造这样的产品！"于是，就这样，产品变得面目全非。

★ 所有公司都能做出接近完美的模型，但很少有公司能做出品质优良的产品，因为在产品开发过程中，技术、设计等部门会以"做不出来"为由，进行技术工艺等方面的缩水处理。这时候就需要一个铁腕领导者将"no"变成"yes"。

★ 从事这一工作的那些有创意的人就是Macintosh电脑的前进动力。我的工作就是为他们创造空间，清除组织中对其不利的因素，并将它们挡在外面。

★ 我的工作不是对人表现得和蔼可亲。我的工作就是把我们手下这些"牛人"们召集起来，然后督促他们，让他们做得好上加好。对付"牛人"有什么招数呢？只能采取更为极端的思路和手段。

★ 苹果公司有2.5万名员工，大约有1万人在专卖店工作。而我的工作是与100位高层人员合作，这就是我的工作。他们并不全部都是副总裁。有些人只是关键的单个研究员，因此，当一个好点子出现的时候，我的工作之一就是让大家都看看这个点子，了解一下不同人的看法，让大家就此展开讨论，甚至是辩论，让这100个人交流思想。

★ 每一个人都拥有电脑，我们的目标就是如此，并且据此制定我们积极努力的目标。

我们团结在一起努力奋斗，我们制造令我们有信心的产品。

我们在此提供真正与众不同的东西，同时也能赚钱。

我们手连手、心连心，不是赢就是输。

我们热情无比。

我们有创造性，共同开创出公司的康庄大道。

我们要每位员工都参与这次全员冒险之旅。

我们关切我们的所作所为，我们要创造出一个让苹果公司壮大繁荣的环境。

★ 热爱你的工作，每个星期奋斗90个小时吧！

★ 激情是成功的一半，没有激情，在遇到困难时刻你会没有坚持下去的动力和毅力。

★ 忘掉一些规则，尽可能地以最极端的思维方式来思考……

★ 如果你可以当一个海盗，为何要加入海军？

★ 在苹果公司，我们从很早开始就给所有员工股票，我们是硅谷首批实行股票制的公司之一。重返苹果公司的时候，我取消了大部分现金奖金，取而代之的是股权奖励。基本上每个人都有薪水和股票，这是一种非常平等的公司经营方法，这种方式是惠普公司首创、苹果公司确立的。

★ 我希望我们永远都不必使用这一手段（如果应用的质量都很高的话），但是如果我们不把好这个关，那就是对用户不负责。

使工作展现美好

★ 我相信最终是工作在激发人们的能力，有时我希望是我来推动他们，但其实不是，而是工作本身。我的工作是使工作尽可能地显现美好，并激发出人们的最大潜能。

★ 创新不是钱的问题，重要的是你拥有怎样的人才，如何引导他们，以及你从中得到多少收获。

★ 有时我分不清“将要怎样”和“可能怎样”的区别，也不清楚应该一步到位还是循序渐进。平衡理想和实际是我应该注意的地方。工作将是生活中的一大部分，让自己真正满意的唯一办法，是做自己认为有意义的工作；做有意义的工作的唯一办法，是热爱自己的工作。你们如果还没有发现自己喜欢什么，那就不断地去寻找，不要急于做出决定。就像一切要凭着感觉去做的事情一样，一旦找到了自己喜欢的事，感觉就会告诉你。就像任何一种美妙的东西，历久弥新。所以说，要不断地寻找，直到找到自己喜欢的东西。不要半途而废。

★ 这是个千载难逢的好机会，苹果电脑的未来将由我们来决定。每一天，在这里由50位工程师所执行的工作，都是在为一项即将震撼全球的发明而做准备。这一项惊世之作的高品质确实令我为之心驰神往。

乔布斯为苹果设立的目标是制造世界上最完美的产品，而不是成为全球最大或者最富有的公司。

★ 他们每一位都极其出色，但更重要的是，他们对于生命有着一致的看法：产品最终的成果就是对生命最好的回馈。

★ 每一位成员都期盼着这项产品问世，这项产品甚至比他们自己的生命更为重要。Macintosh电脑将决定苹果电脑公司的前途，之后所有成员仍可以继续留下来共同研发后续机型，然后再各奔前程。所有成员都觉得Macintosh电脑将是我们一生中最好的产品。

★ 去做那些对苹果来说最好的事情，而不是对自己、对史蒂夫或者任何其他人来说最好的事情。

★ 在这个电子时代，音乐得到了新生，技术将音乐重新带回到人们的生活中。这是一件非常美妙的事情。我们正以自己的努力让世界变得更加美好。

当将来你们的孙子问起的时候，你们就可以骄傲地说：

“iPhone上市开卖的时候，我在苹果工作喔！”这一切的辛苦牺牲，都会有回报的！

★ 我们没有机会去做那么多事，而且每个人都应该极其优秀才行。因为这就是我们的生活。人生苦短，你总有一天会离开人世，对吧？因此，这就是我们为我们的一生作出的选择。我们可以在日本的某个寺庙里打坐，我们可以出海远航，（高级经理团队中的）某些人可以去打高尔夫球，他们可以管理其他公司，而我们都选择用我们的一生做这件事。因此，最好把它干得漂亮些。

营销篇

这是个非常复杂的世界，一个非常喧闹的世界，以至于我们没有机会让人们记住我们太多的东西。所以，我们必须清楚自己想让人们记住我们什么东西。

一直以来广告都极其重要，其重要性仅次于技术。我的长远理想就是让所有人都能够使用电脑。对我而言，这就意味着一定要通过广告向公众宣传这些电脑。我的梦想就是世界上的每一个人都拥有自己的苹果电脑。为了做到这一点，我们一定要成为一家非凡的公司。

宣传极为重要

★ 一直以来广告都极其重要，其重要性仅次于技术。我的长远理想就是让所有人都能够使用电脑。对我而言，这就意味着一定要通过广告向公众宣传这些电脑。我的梦想就是世界上的每一个人都拥有自己的苹果电脑。为了做到这一点，我们一定要成为一家非凡的公司。

★ 苹果公司每年花费1亿美元做广告，但并没有取得很好的效果。我们将继续每年花1亿美元来做广告，但这一次要取得好的效果。

★ 这是个非常复杂的世界，一个非常喧闹的世界，以至于我们没有机会让人们记住我们太多的东西。所以，我们必须清楚自己想让人们记住我们什么东西。

强化传播效应

★ 苹果电脑是这个产业里硕果仅存的一家，还一手包办了硬件、软件，与研发人员维持关系以及建立营销公司。就我看来，这也是苹果电脑的王牌秘诀。

★ 郑重欢迎IBM。欢迎你们来到从35年前电脑革命开始以来最令人兴奋和最重要的个人计算机市场，并恭喜你们的首台个人计算机问世。个人计算机将成为人们工作、思考，学习、沟通及闲暇消遣的重要伙伴。使用电脑正快速成为与阅读和写作一样的基本技能。

当我们发明第一台个人计算机时，我们估计只要了解了个人计算机的好处，全球会有超过1.4亿的人会购买电脑。我们预计明年有此认知的人将远超过100万人。未来10年间，个人计算机市场将继续成倍增长。我们期待负责任的竞争对手，竭力把这项美国技术推广到全世界。我们感谢你们的重大承诺，因为我们正在做的是通过提高个人生产力来增加社会的资本，欢迎你们参与这项任务。

品类和体验营销

★ 商店诞生的目的是提供一个平台，以便用我们的方式向你们逐一介绍苹果电脑。

★ 我们也在重整我们的渠道，我们已经摆脱了许多没有兴趣投资于苹果公司的家伙，在一年前，用户的购买经验真是糟透了，如今情况已经有了明显改善，我们仍然在不断改进当中。

★ 我们想实现苹果公司产品最好的购物体验，大部分代理对自己商店的投资不足或者没有进行其他提高销售的尝试。

★ “苹果教”的伟大光芒会让“信徒”们开着车子，跋山涉水前往同一个幸福的终点站。

★ 打算购买电脑的100个人当中，95人甚至不曾考虑要购买Mac，我们甚至连个上前追求的机会部没有。规划中的新零售店将坐落于人流量大的地点，我们要让那些用户只需要走几米远就能到我们的零售店，一旦进入我们店里，我们就有机会告诉他们这些产品的用途。

★ 这里的地价确实要贵得多。人们不会用20分钟的时间去冒险，他们只会用走20步所需的时间去冒险。

品牌篇

诺基亚有50美元的产品，而我们做不出来50美元的智能手机。

我们不会推出7英寸iPad，不是因为我们不愿推出那个价位的产品，而是我们认为7英寸的屏幕太小，不可能造出很棒的平板电脑。

苹果的品牌是什么？苹果公司涉及的是突破思维定式的人，是想用电脑帮助自己改变世界，做一些有意义的事情而非仅仅为了完成工作的人。

与众不同之魅

★ 什么是个人计算机? 我的答案是"自行车"与"秃鹰"。

几年以前，我读过一篇刊登在《科学美国人》杂志上的论文，这篇论文旨在研究包括人类在内的地球上的各种动物从甲地自力迁徙到乙地时，究竟哪种动物的效率最高，结果是秃鹰拔得头等，人类的表现相当的不起眼，但人骑上自行车之后，效率竟达秃鹰的2倍、这说明了人类制作工具的能力。自行车是一项能增强人类固有天赋及能力的工具，这也是为什么我要将个人计算机与自行车相提并论的原因。

苹果电脑就是21世纪人类的自行车，只要愿意。谁都可以拥有它，它是工具，人类大脑的延伸。在人与电脑之间，可发展出特殊的关系，它可以改善个人的生产力。

当我们创造出个人计算机时，我们也创造出了新一代的企业。

★ 研发新产品的花费确实比较昂贵，但是我们的用户不断向我们强调，他们只购买最新研发的产品。我们的目标并不在于制造出市场上最廉价的产品，而是制造出最优良的产品。如果这意味着Macintosh系列产品有时必须比别的产品贵上10%~15%，就让它们比别的产品贵吧。

★ 某一次经济衰退并不会创造一个廉价计算机市场，这一市场一直存在。但总有一些市场我们不会选择加入。我认为，当用户选择我们的产品时，总会一遍又一遍地与同档次产品进行比较，最后发现我们非常具有竞争力。因此我们会选择一些市场参与竞争，另一些市场则不会。

★ 诺基亚有50美元的产品，而我们做不出来50美元的智能手机。

我们不够聪明，还没弄明白如何做到这一点，如果做到了我会让大家知道。我们的目标是制造真正有突破性的产品，并在每一个我们参与竞争的市场做到最好，正如iPod。

我们每年都对产品进行多次更新，提供更好的功能，然后以相同价格甚至更低价格推出。有时我们以更低的价格推出拥有革命性功能的新产品，这足以打击竞争对手并夺取市场份额。

我们在整个手机市场的份额很低，以出货量份额计算还是个位教，但我们在平板电脑市场的份额很高，因为苹果是这一领域的开拓者。

我们不会推出7英寸iPad，不是因为我们不愿推出那个价位的产品，而是我们认为7英寸的屏幕太小，不可能造出很棒的平板电脑。

屏幕太小，因而用户梦寐以求的软件效果得不到体现。作为一家以软件驱动的公司，我们将软件战略放在第一位。如果我们的产品尺寸不一样，会带来很多开发难题。每一次推出新的尺寸，开发者都需要重写软件。

因此当我们作出有关7英寸平板电脑的决定时，考虑的不是成本问题，而是这个产品的软件价值。我们希望在很高的价格推出最棒的产品。这就是我们的iPod战略，也将是我们的iPad战略。

部分硬件厂商并不真正懂得软件，他们不考虑产品的软件和硬件融合，而是幻想软件会自动运行在硬件之上。还有人问，你们能把产品做得更便宜吗？我们可以使用更小的屏幕、更慢的处理器、更小的内存，你以为软件会在这个产品中自动运行良好，但事实情况不是这样。因为开发者需要利用更快的处理器、更大显示屏和更多的手机功能，才能为用户开发出更好的应用。大部分开发者不会为低端产品推出缩水的应用。

每个人都想要一部iPhone，我们得让大家都买得起它。

56%的人不买iPhone是因为价格难以承受，所以我们降价了！

我们从第一代iPhone中吸取了很多经验，改造出iPhone 3G，它真美，这是它的外观——黑色塑料后背，金属按键，同样的3.5英寸显示屏和摄像头，人性化的耳机插孔。改进后的音效极佳——如果你相信的话，手感也好多了。

iPhone 3G是怎么工作的？为什么你想要iPhone 3G?是需要更快的下载速度？没有比当你使用浏览器和收邮件时更需要它的时候了。

iPhone 3G的传输速度比其他两款3G手机——诺基亚N95和黑莓Treo750都要快36%，顺便说一下，看看这个结果，iPhone上能显示全部页面，而另外两个手机上就要少得多了。

iPhone从3G版599美元开始卖，到现在售价399美元——我们还要把价格降得更低，我们相信iPhone 3G能够让几乎每个人都买得起，16G版本价格是299美元——将会有白色版本。

从599美元降到199美元，好消息是我们实现了低廉的价格。

“果粉”也是品牌

★ 苹果公司的另一大资源就是顾客。大约有2500万电脑用户，他们都是苹果公司忠实的顾客，其中有些人甚至称得上是世界上最忠实的顾客。如果他们继续购买苹果公司的产品的话，他们将是苹果公司东山再起的坚实基础。

★ iPhone是一种突破性产品。在这个假日销售旺季，我们有“大卖”的机会，iPone领先于同行竞争对手如此之远。为了让更多的新顾客进入iPhone“王国”，让每一位iPhone用户都能从中受益，我们希望提供越来越多的顾客能够买得起的iPhone，体验iPone的“酷”。

★ 虽然苹果公司的产品不是最好的，但是公司品牌非常有市场价值。苹果公司的品牌是公司的核心竞争力之一。

模式篇

我们认为开放与封闭的争论只是一个烟雾弹，试图掩盖问题的本质，那就是，哪种方式对用户最有利？分化还是整合？我们认为Android非常、非常分化，而且这种分化状态还在与日俱增。

如你所知，苹果在努力发展整合模式，从而避免让用户来充当系统整合者。我们认为，由苹果而非我们的用户来从事系统整合将会具备巨大的价值。我们认为，与谷歌相比。这是我们的一个巨大优势：在向用户出售产品时，我们相信，整合总是都能够击败分化的。

封闭式模式的胜利

★ 国际知名品牌有哪些？李维斯、可口可乐、迪斯尼、耐克。大部分人会将苹果公司放入该行列。即使创建一个不及苹果公司优秀的品牌也需要数十亿美元，然而苹果公司丝毫没有利用这一财产。那么，苹果这一品牌是什么？苹果公司涉及的是突破思维定式的人，是想用电脑帮助自己改变世界，做一些有意义的事情而非仅仅为了完成工作的人。

★ 我们意识到，苹果公司正如日中天，因为我们是该领域唯一一家自己拥有全部业务的公司。这是我们特有的优势。我们在iMovie身上发现了这一点，它能够将便携式摄像机的价值提升到原来的10倍，它能给用户带去更多的乐趣。

★ 在最新的苹果笔记本电脑上，用户甚至不能更换电池。

★ 在iPhone上运行以前的MacOSX软件并不是一个好主意，因为iPhone没有鼠标，没有下拉式菜单，用户界面完全不同。

★ 我想扼要说说我们关于AdobeFlash的几点看法，让用户和批评者们更好地理解我们为什么不允许iPhone、iPod和iPad采用Flash。

Adobe曾经指出我们的决定是出于商业动机，他们说我们的目的是保护AppStom，但事实上，这是出于科技角度的考量。Adobe宣称我们是一个封闭的系统，Flash是公开的，但是事实恰恰相反。让我代为解释原因：

首先，关于“开放”。Adobe的Flash产品是100%拥有技术专利的。只有通过Adobe才能购买这些产品，同时只有Adobe有权对其进行改进、定价等。

尽管Flash遍地都是，但这并不意味着其产品是开放的。因为Adobe完全拥有和控制着这些产品，所以无论从哪个角度看，Flash都是一个封闭系统。

苹果也拥有许多专利产品。尽管iPhone、iPod和iPad都是有专利的，但我们始终坚信，互联网的所有技术标准都应该是开放的。

因此，苹果拒绝使用Flash，而是用HTML5、CSS和JavaScript等全部开放的标准。

苹果同时还为互联网制定开放标准。例如，苹果从一个小型的项目做起，开发出了WebKit。

第二，关于全网络。Adobe反复宣称苹果的移动设备无法访问“整个网络”，因为网络上75%的视频是Flash格式的。但他们没有提及的一点是，几乎所有Flash格式的视频都有其他更先进的格式：H.264，而iPhone、iPod和iPad都支持这种格式，YouTube视频数大约占全网络的40%，而苹果所有的移动设备都可以播放其视频。iPad则提供有史以来最好的YouTube视频体验。

Adobe的另一个理由是苹果设备无法玩Flash游戏。这一点没错。不过好在苹果在线商店提供了超过5万个游戏和娱乐应用，而且其中很多都是免费的。iPhone、iPod和iPad上的游戏与娱乐应用要多于其他任何一个平台。

新的开放标准已经被创立，比如HTM15，这样的标准才会在移动设备和个人计算机上同样取得成功。或许Adobe应该注重于开发更多HTML5工具，而不是批评苹果放弃过时的东西。

★ 你知道，即使谷歌是对的，即使真正的问题在于“封闭”与“开放”之争，也不要忘记一点：开放的系统并非总能胜利。以微软的“PlaysFor Sure”音乐战略为例，该战略采用了PC的模式，Android也是这么做的，将软件和硬件分割开来。就连微软最终也不得不放弃了这种“开放”战略，转而效仿苹果的整合方式，推出了Zune播放器。

但不幸的是，微软的OEM厂商在这一过程中徒劳无功。谷歌也曾经借助Nexus One手机尝试过整合策略，但并未认真对待。

事实上，我们认为开放与封闭的争论只是一个烟雾弹，试图掩盖问题的本质，那就是，哪种方式对用户最有利？分化还是整合？我们认为Android非常、非常分化，而且这种分化状态还在与日俱增。

如你所知，苹果在努力发展整合模式，从而避免让用户来充当系统整合者。我们认为，由苹果而非我们的用户来从事系统整合将会具备巨大的价值。我们认为，与谷歌相比。这是我们的一个巨大优势：在向用户出售产品时，我们相信，整合总是都能够击败分化的。

★ 我们还认为，如果能够专注单一平台，而不是关注数百个变量，我们的开发者可以更具创新力，他们可以将时间放在开发新功能上，而不是测试数百部不同的手机。所以我们非常看重整合方式，无论谷歌多少次将其定义“封闭”。而且我们对于击败谷歌的分化战略很有信心，无论谷歌多少次试图自我标榜为“开放”。

为个性化需求服务

★ 你不能问用户需要什么然后给他什么，因为等你按用户要求做出来以后，他们又有了新的要求。

★ 从硬件到软件，从设计到功能，苹果的产品全部由苹果制造，我们随时可以改变，创新每天都在发生。我们关注产品的每一项技术，只有这样，每一项创新才能顺利地变为产品。苹果的创新就在于我们能够掌握每一个零件，从1976年就开始了，就像命中注定。

转型篇

最难得的是苹果的基因一直没变，过去20年来，苹果所处的位置，正是计算机技术和消费电子市场交汇处。所以，实际情况并不是我们一定要过河才能到达彼岸的某个地方，而是彼岸世界正向我们走来。

苹果公司是该行业唯一一家自己完成所有部件的公司，包括硬件、软件、开发商关系以及营销。我认为，结果证明这正是苹果公司最大的战略优势。我确实相信该行业还有创新的空间，苹果公司能够实现比其他任何公司都更快速的创新。

由电脑转向个人消费领域

★ 苹果公司是该行业唯一一家自己完成所有部件的公司，包括硬件、软件、开发商关系以及营销。我认为，结果证明那正是苹果公司最大的战略优势。我确实相信该行业还有创新的空间，苹果公司能够实现比其他任何公司都更快速的创新。

★ 有一段时期非常艰难，因为出于各种原因，许多人并不接受Mac电脑，他们投向了Windows的怀抱。我们确实非常卖力地工作，但他们的市场份额却始终没有起色。有时你不禁怀疑自己是不是错了。也许我们的东西不够好，尽管我们自认为还不错。或者也许人们并不在乎，而这则更加令人沮丧。

结果iPod证明，我们从操作系统的玻璃天花板底下走出来了。iPod意义非凡，因为（它表明）苹果的创新、苹果的工程学、苹果的设计的确至关重要。iPod占领了70%的市场份额。在经历了这么多年的艰辛劳动，而且目睹了Mac电脑的市场份额始终徘徊在4%~5%之后，我很难告诉你这对苹果公司来说有多重要。这对所有人来说都是一针强心剂。

★ 我觉得自己像个傻瓜。我竟然认为很多人更愿意使用电脑剪辑家庭录像，而免费音乐共享软件Napster才是全世界网民的焦点。

★ 最难得的是苹果的基因一直没变，过去20年来，苹果所处的位置，正是计算机技术和消费电子市场交汇处。所以，实际情况并不是我们一定要过河才能到达彼岸的某个地方，而是彼岸世界正向我们走来。

★ 笔记本在苹果计算机产品中所占比例为三分之二，领先于整个行业。我们预计，这一比例未来将提升至80%~90%。英特尔版的Mac OS X Tiger操作系统大获成功，这多少有些出乎我们的意料。

★ 我之所以将苹果电视称为"业余爱好"，主要因为曾经做过类似的尝试，但并未将其发展成为真正的业务。我们目前也处于尝试阶段，也许未来一年或18个月可以取得突破。

★ 我们认为，苹果电视是机顶盒的替代者。用户使用机顶盒时需要有线电视卡，需要由有线电视公司安装特殊的软件，几乎没有任何选择权。苹果电视则完全不同，我们希望它能成为互联网的DVD播放器，这也是我们的目标。

★ iPad无疑将影响笔记本电脑的销量。这只是时间的问题。我相信未来几年iPad将全有进一步的开发和进展。但我们现在已经看到教育用户对iPad拥有很高的兴趣。令我惊讶的是，企业用户也对iPad很感兴趣。我们没有真正在企业领域推广iPad。我每天都跟各种企业员工接触，很多人都在使用iPad。从董事会成员到护士、医生和医院，以及中小企业，很多人都在使用iPad。因此随着时间的流逝，我相信我们已经抓住了一个重要机遇。

这是一个新的计算模式，而且我们已经拥有几千万熟练使用iPhone的用户。平板电脑将融入生活的各个方面，包括个人生活、教育和企业等。因此我认为平板电脑的用途是很广泛的，潜力非常大。或许还有一些人会争论时机的问题，但我认为没有人会否认平板电脑的时代即将来临。

由产品制造转向内容制造

★ 苹果公司作出了最大的努力，让这个复杂的东西使用起来更加简便，而且在以后的发展中还会更加完美，功能更强大。iTunes的功能要比任何一台自动唱片点唱机的功能都强大，我们希望它极其简便的用户操作界面能够带领更多音乐爱好者步入到数字化音乐变革的时代。

★ 苹果电脑为数字音乐时代提供了第一套完整的解决方案。你可以在iTunes Store里购买喜爱的音乐，用iTunes选播最心爱的歌曲，并且用iPod完整储存并随身携带你的音乐收藏。

★ 市面上的MP3播放器充分显示了消费性电子产品制造商对软件一窍不通。

如果人们不必跑去店里买CD来转成MP3格式，而可以通过网络购买高品质的音乐，然后直接载入iTunes，那不是太棒了吗？

你是否想每个月为你已经买过单的音乐付费？唱片公司里有一些财务人员想到了这个疯狂的主意，那些人看到美国网站上类似网站的会员服务，也开始摩拳擦掌说：我也要这样重复不断地赚进一些会员月费。

这将是音乐产业史上的转折点。这是个里程碑，我绝不夸大其词。

由技术创新转向商业模式创新

★ 我们有这些超强程序，但是大家怎么得到它们呢？答案是：App Store。这是把开发者和使用者联系起来的渠道，使用者能自由选择程序，并且无线下载到他们的手机上。

★ 在你所购买的应用程序更新时，你可以方便地无线升级。开发者自己定价，获得其中70%，我们一毛钱不要，但是要保证程序的公平竞争和安全性，如果开支者允许免费进行程序升级，那就不会有任何费用。

★ 现在我们已经把App Store从22个国家扩展到了62个国家——几乎全世界有iPhone的地方都有。如果你的程序小于等于10M，那么可以通过手机信号、Wi-Fi或者iTunes下载；超过10M用Wi-Fi和iTunes下载。这就是App Store，从来没有一个像这样的服务吧。

由封闭到联盟

★ 我们必须抛弃若干成见，必须抛弃过去的“若要苹果公司赢，则微软必输”的过时想法。

★ 我们的目标是为用户提供全世界最好的个人计算机，而英特尔未来将开发出最强大的处理器产品。我们转到PowerPC架构已经有十年的时间，我相信未来十年内网络的技术将帮助我们打造最好的个人计算机。

灵感篇

我们拥有很多用户，我们也对现有的买家进行了大量研究。我们同样在密切关注产业趋势。但是最终，对于这样复杂的产品来说，真的很难通过用户的意见来设计产品。许多时候，人们不知道他们真的想要什么，直到你把成品放到他们面前。

如果那些又新又酷的产品不能够为你带来可观利润，那不是创新，只是艺术。

对用户体验负责

★ 在苹果公司，我们遇到任何事情都会问：“它对用户来讲是不是很方便？它对用户来讲是不是很棒？”之后的事情就跟在皮克斯一样了。好莱坞的每个人都在讲，一部好的动画片最主要的是故事、故事、故事。但是，当他们真正亲身身去做并且故事并不怎么样时，他们也不会叫停制片，他们花更多钱把故事修改成一个好故事。我认为软件业务同样如此。每个人都在大谈特谈：“噢，用户至上”，但其他人都没有像我们这样真正做到这一点。

★ 设计不仅体现在产品的外观和感觉，还要看产品是如何使用的。在我们生活的这个时代，我们的活动越来越多地依赖技术。我们拍照时无需胶卷，并且必须加以处理才能显现效果。我们从互联网上下载音乐，并且用便携式数字音乐播放器随身播放。在你的汽车中、厨房里都这样。苹果公司的核心强项就是把高科技转换成身边很普通的东西，并且能够让他们感到惊喜和兴奋，他们还能够方便地使用。其中关键是有好的软件。事实上，软件其实就是用户体验。

★ 我们对用户体验负全责。

★ 我溜向冰球将要去的地方，而不是它在的地方。

★ 锁定特定族群来设计产品是很困难的。因为在大部分的时候，人们都不知道自己想要的是什么，直到你展示给他们看。

★ 我们不做市场调研，我们只想生产伟大的产品。

当我们创建iTunes音乐商店的时候，我们并没有打算重新定义音乐行业，我们这样做是因为我们认为通过电子技术的方式购买音乐会非常棒。我的意思是，这就像是个预兆，最终所有音乐都将用电子技术的方式来分销。当你能够轻松地以电子技术的方式四处发送时，为什么还要花费那些（成本）呢？

★ 我们有很多用户，我们对自己已拥有的用户基础做了大量研究。

我们还非常小心地关注行业趋势。但最后，由于这一做法将某些事情复杂化了，所以要通过用户小组进行产品设计真的很难。很多时候，人们不知道自己想要什么，直到你将产品展示给他们，他们才弄清楚。

你觉得达·芬奇在创作蒙娜丽莎时征求了观众的意见吗？

我们只是在搞明白我们自己需要什么。而且我认为，我们已经建立了一套良好的思维体系，以确保其他许多人都会需要这么个东西。如果东西不在眼前，你怎么能去问别人想要什么。

★ 对苹果公司而言，能否成功的关键之一是我们能否生产出真正能够激发我们兴趣的产品。

★ 你不能问用户要什么，企业的目标是去创造那些用户需要但表达不出来的需求。

★ 你不能问用户需要什么然后给他什么，因为等你按用户要求做出来以后，他们又有了新的要求。

★ 我并不需要调整自己去适应产品，它会主动适应我。

灵感源于用户体验

★ 我们拥有很多用户，我们也对现有的买家进行了大量研究。我们同样在密切关注产业趋势。但是最终，对于这样复杂的产品来说，真的很难通过用户的意见来设计产品。许多时候，人们不知道他们真的想要什么，直到你把成品放到他们面前。

★ 如果那些又新又酷的产品不能够为你带来可观利润，那不是创新，只是艺术。

★ 苹果公司的根是为人制造电脑，而不是为公司。这个世界不需要另一家戴尔公司或者康柏公司。

★ 站在苹果的角度，我们面对每件事情时都会问：怎么做能让使用者感觉方便？

品味决定设计

★ 如果不首先创造一个适合思考和工作的理想环境，怎么能谈得上创造真正伟大的产品？他们需要的是灵感！要设计出高品位的产品，首先要接触高品位。

★ 当你请到真正优秀的人才时，你必须让他们掌管业务。这并不意味着我不管了。但是，你聘请他们的原因是你要给予他们驾驭权。我希望（他们）作出明智的甚至是比我还要高明的决策。因此，要做到这一点，就得让他们了解每件事，不仅仅是他们管辖下的业务，而且还要包括整个公司的方方面面。

因此，我们每周一的工作就是检查公司的所有业务。我们浏览上一周出售的产品。我们审查每一件出现异常的产品——出现问题的产品和供不应求的产品。所有出现异常的业务，我们都要检查。而且我们每周都这么做。苹果公司并没有太多流程，但在为数不多的流程中，周一例会算是其中之一。这么做只是为了让大家都了解情况。

事 业 篇

我的心会一直留在那儿，苹果就像我的初恋情人一样，就像所有的男人都会想念他们第一个深爱过的女人一样，我会永远眷恋着苹果。我会感到我的根还在苹果。

这看起来是经历过最好，也是最幸运的事。

我丢下了失望的沉重，有了从头做起的轻松，我自由地进入了这辈子最有创意的年代。

离开苹果公司

★ 在而立之年，我的生命的全部支柱离自己远去，这真是毁灭性的打击。

★ 我真的不知道那几个月我该做些什么。我感到我让前一代企业家丢脸，我把刚过接到的指挥棒给丢了。

★ 苹果中的每个人都在犯错误，有时候我甚至认为。苹果本身就是一个错误。

★ 我的心会一直留在那儿，苹果就像我的初恋情人一样，就像所有的男人都会想念他们第一个深爱过的女人一样，我会永远眷恋着苹果。我会感到我的根还在苹果。

★ 这看起来是经历过最好，也是最幸运的事。

★ 我丢下了失望的沉重，有了从头做起的轻松，我自由地进入了这辈子最有创意的年代。

重新开拓领域

★ 我的心将永远留在那里，我与这家公司的关系就像初恋，我将永远记得苹果公司，就像任何男人记得他第一个爱上的女人一样。

对我而言，苹果公司存在于那些在苹果公司工作的人们的精神中，以及他们做生意所秉持的理念和目标之中。如果苹果公司变成一个只是电脑商品的地方，浪漫不再，而且人们忘记苹果公司的产品是人类曾经发明过的东西里最了不起的，我会觉得我已经失去了苹果公司。

但是如果我在一百万英里外，而那些人仍然感受到这些精神，而且他们仍将努力制造伟大的下一代个人电脑，那么我将觉得我的基因仍然在那里。

★ 现在，车库里起家的苹果公司在我的带领下已经发展成一家资产达到15亿美元的大型公司。公司起步时，我带领一群狂乱且毫无纪律观念且自命不凡之辈开始创业。我们当时可以利用的资源真是少得可怜，但我们都有一种创见性，一种肯为事业献身的精神。虽然苹果公司的资产已经达到15亿美元，取得的成就可谓非常辉煌，但我可能并不是带领公司创业的最佳人选。当然，我认为苹果公司能取得辉煌是一个宿命，因此我并没有在我的脸上贴金，我也没有给任何人多么大的荣誉。在苹果公司，我度过了我一生中最值得留恋的10年光阴，我对我所做的任何事情从来没有后悔过。在以后的岁月里，我还要继续我的生活。

我个人想要创造东西。我30岁了，我不准备成为产业学究。今年夏天，我得到了三个任教的机会，但我告诉所有这些大学，我认为我会是一个糟糕的教授。我最擅长的是找到一群有才华的人，并与他们一起制造东西。

我尊重苹果公司的走向。但是对于我个人而言，你知道，我想要制造东西。而且如果没有地方让我在那里制造东西，那么我将会重复我之前做过两次的事——开拓属于自己的地盘。要知道，当初苹果公司创业的时候，是在车库里开始的；而研发Macintosh电脑的时候，也是在一个酷似车库的地方开始的。

★ 我们没有商业计划，也没有做任何事情，你们可能会说，

我们都疯了。但我们4年以来彼此都已经很熟悉了，而且我们对彼此的能力有很大的信心，且真心喜欢彼此。我们都希望拥有一家小公司，我们可以影响它的命运，并在一个真正有趣的地方工作。

收购皮克斯公司

★ 硅谷以为创意就是一堆人坐在破沙发上搿出来的笑话，而好莱坞也以为科技就是花钱买来的东西，只有皮克斯把两种文化结合在一起。

★ 我认为每个人都想尝试着涉足该领域，但是其进入门槛却相当高，第一道障碍就是创意，第二道障碍则是科技。皮克斯并不是借着购买某一项技术成立公司的，而是在过去10年内，全心投入，开拓出属于自己的道路。过去10年内，我们研发出许多拥有专利权的软件，你在市场上绝对找不到类似的产品。迪斯尼虽然具有创意，但是他们缺乏技术，而且没有任何人能够从皮克斯取得相关技术。我们从来不授权，更别说贩卖技术，即便对象是迪斯尼也是如此。第三道障碍是创意结合技术，我们整整花了10年时间，才让两者完美结合。

这其中的难度非常高，整整10年，我们才明白其间的道理，从来没有别人尝试过这样的方法。

★ 因为个人原因，今年（1998年）我一直很忙碌。去年夏天，有人请我重振苹果电脑公司。20多年前，我参与创办这家公司，因此这是一项我难以推却的邀约。

虽然苹果电脑公司几乎耗尽了我下半年的所有精力，幸好皮克斯动画工作室的营运并未因此而出现异常状况。我们要让拥有超过400位员工的皮克斯，成为世界第二大的动画公司。

★ 将皮克斯出售给迪斯尼，并非因为我想成为迪斯尼高管。事实上，我并不想这样做，伊格尔是执掌迪斯尼的最佳人选。有人猜测我今后可能投入更多时间在迪斯尼，这样的想法很容易理解，但并不是事实。今后我用于迪斯尼的时间将少于皮克斯。

回归苹果公司

★ 在我离开苹果公司的几年时间里，公司失去了需要将所有一切集合在一起的“地心引力”。苹果公司在图形用户界面方面的垄断曾经持续了将近10年，这是一段相当长的时间。

公司是如何失去这一垄断权的呢？有些非常优秀的产品人发明了非常优秀的产品，因此公司获得了垄断权。但是自那以后产品人不再是推动公司前进的人了，营销人员和将业务拓展到拉丁美洲或者其他任何地方的人在推动着公司前进，一群与产品人不同的人显得越来越重要。通常最后结束“演出”的人是谁？是销售人员。IBM公司的约翰·艾克斯（John Akers）就是一个最佳的例子。如果由于某种原因垄断权在某一天消失了，而不幸的是这时最优秀的产品人已经离开，或者公司已经不再听他们的了，公司就要开始经历喧嚣时期，在这种情况下，公司要么继续存活下去，要么彻底消失。

★ 我当初聘错了人，他（史考利）把我历经10年，辛苦建立起来的一切全毁了，先是把我赶出来，但这还不是最令人伤心的。如果我离开苹果电脑，能够让苹果电脑成为我所梦想的那样，那么我毫无怨言。

★ 苹果公司需要一名新的执行官，我是公司的合伙创办人，而且比任何人都要了解它的文化和能力。只有一个人能够重振苹果团队，只有一个人能够整顿这家公司，那就是我。

★ 你不应该只为了当老板而开公司。你必须真心喜欢某样东西，我了解的每求成功公司的创业都是由于没有人相信他们的想法会成功，最后只好自己开公司。

苹果公司是这样，皮克斯是这样，英特尔公司也是如此。你必须热爱自己的想法并愿意为它冒险。开公司很难，如果没有热情，你早晚会放弃。我做的最难的事情就是创业开公司，但同时它也是最有意思的事情。

起死回生创奇迹

★ 这样的组织结构非常流畅简单，容易看明白，而且责任非常明确。一切都简化了，这正是我的信条——聚焦与简化。

★ 好吧，你们告诉我这里发生了什么问题！

是我们的产品有问题，那么，我们的产品有什么问题呢？

我们的产品令人极为失望，它们不再有任何吸引力了！

★ 在iMac推出之后的前139天，每一周、每一天、每一小时、每一分钟，平均每15秒钟就卖出一台iMac。iMac品质一流，这是让很久没有推陈出新的苹果电脑起死回生的产品。

★ 电脑还是很可怕的，它们复杂难懂，老是不做你想要它们做的事，要不然就是无法做得十全十美。我们还有很长的路要走。人们过了100年后还是继续制造汽车。就像即时电话已经被使用了很久的时间，但移动电话革命还是让人兴奋。

我回到苹果公司的目的是因为这个产业昏迷不醒，让我想起20世纪70年代的底特律，那时美国车只是有轮子的船。

★ 我接管苹果公司的时候，看到的是数目繁多的产品。太不可思议了。于是我开始问公司员工，为什么推荐3400而非4400？为什么直接跳到6500，而非7300？三个星期后，我依然无法弄清楚到底是为什么。如果连我都无法弄懂这一点的话，我们的用户怎么可能弄清楚？

★ 公司根本没有聚焦，每个小组都在做同样的事情。

★ 苹果要生存下去，一定要砍掉过多的项目，我们需要有焦点，做我们擅长的事情。

★ 我们检讨新产品的规划蓝图，大刀阔斧地削减了70%，只留下珍贵的30%。我们有许多用户，也作了许多研究。同时我们也仔细观察产业趋势。但最后发现，通常很难针对特定群体设计商品。人们往往不知道自己想要什么，除非你拿出产品给他们看。

★ 我们有很多用户，我们研发的很多产品也都推向了市场。我们密切地注视着电脑产业界的风吹草动。但最后，由于各方面情况复杂的原因，要想设计出面向大众的产品还是相当困难的。以前经常出现的情况是，只有当我们把自己的产品展示给用户时，他们才明白到底需要什么样的产品。

自我篇

我不是个以权力为导向的人，我非常关心苹果公司。我成年以后生活的大部分时间都投入到制造伟大的产品和建立一家伟大的公司中了。我将尽我所能促进苹果公司的成长，如果那意味着我需要去打扫楼梯，我就会去打扫楼梯；如果那意味着清洁马桶，我也会去清洁马桶。

禅学启发思维

★ 它重视经验，不重视智慧。我看过很多人都在沉思冥想，但似乎没什么功效。所以，我对那些能超越有形物质的人物或者是形而上的学说很感兴趣，也开始注意到比知觉及意识更高的层次——直觉与顿悟，这与禅的基本理念极为相近。

★ 有一天我在喜马拉雅山脉走着，凑巧碰到一件事。原来这天是某一个宗教的节日，一位“巴巴”（Baba，圣人之意）——这个特殊节日里的圣人，正带着一大群信徒在庆祝。我可以闻到美食的味道，而我已经有很长时间不曾闻过美食的味道了，因此我走上前致敬，并在那里吃起了午餐。

不知什么原因，这位“巴巴”看到我坐在那儿吃饭，马上走向我，坐下并大笑起来。他不太会说英语，而我也只会讲一点北印度语（即印地语），但他试着与我交谈。这一点很好玩，因为这里有数以百计的印度人，他们跋涉了数千英里，为了与这位“巴巴”待在一起十秒钟，而我只是为了吃点什么而偶然加入，他却拉着我走上山路。半小时后，我们到达了山顶，那儿有一口小井和池塘，他把我的头浸到水里，并从口袋里拔出一把剃刀，开始刮我的头。我彻底被吓到了。19岁的我在异国，登上喜马拉雅山脉，而这位印度“巴巴”，把我从人群中拉出来，在山顶给我剃头。

★ 几天以后，你就会感觉棒极了，一周之后，你简直会感到神妙无比，因为不必把体力花在消化食物上，所以你会感到活力无穷。当时我的体能可以说是处在最佳状况，随时都可以爬起来，走路到旧金山。

强化自我价值

★ 我的亲生母亲是研究生学历。我出生时，她是一位年轻的未婚妈妈，因此她打算让别人收养我，并希望收养我的夫妇两人都拥有大学学历。我出生时她就准备让一对律师夫妇收养我，但这对夫妻在最后一刻反悔了，他们想要女孩。所以在等待收养名单上的另外一对夫妻，也就是我后来的养父母，在半夜里接到一个电话："有一个意外出生的男孩，你们要认养他吗？"他们说："当然。"

后来我的生母发现，我现在的养母从来没有大学毕业，我现在的养父则连高中毕业的学历也没有，于是她拒绝在认养文件上签名同意。直到几个月后我的养父母同意将来一定让我上大学，她的态度才逐渐软化。

★ 里德学院是我想去的唯一一所大学，假如不能去那里，其他任何学校我都不会去。

★ 我无知地选了一所学费几乎跟斯坦福一样贵的学校。

★ 我在里德学院念了6个月就办了休学。退学前，一共休学18个月。

★ 我的养父母是蓝领阶层，他们把所有的存款都花在我的学费上。

6个月后，我看不出念大学的价值到底在哪里，那时候，我不知道这辈子要干什么，也不知道念大学能对我有什么帮助，而且我为了读大学，会花光父母毕生的积蓄，所以我决定休学，相信船到桥头自然直。

在当时，这是个让人害怕的决定：但现在回头看，它却是我这辈子下过最好的决定之一。

幸遇贵人相助

★ 我很明白，要是我这一生中没有遇见那几个人，我最终很可能要在牢里蹲上一辈子。在美国，20世纪60年代真是让人感到兴味盎然的一段时期。在第二次世界大战之后，美国到处都是一片欣欣向荣的景象，不管是在时尚还是在文化层面，原本呆板而狭隘的现象在60年代开始有了转变。成功的故事处处可闻，到处青春洋溢。当时美国给我的感觉是年轻而富有朝气。

★ 我拿起电话拨给惠普公司创始人威廉·休利特（WilliamHewlett），他的名字在帕洛阿尔托市的电话簿上可以查到。他亲自接了电话，而且语气和蔼亲切，在电话里跟我谈了20分钟。

他与我素昧平生，但他最后同意给我一些零件，而且还安排了一份在惠普公司生产线上装配频率计数器的暑期打工工作。这太意外了，虽然我可能无法胜任，但没关系，我乐坏了。

★ 我还记得第一天在惠普公司的生产线上打工的情景，我对一位叫做克瑞斯的领班说，暑假能在惠普公司打工实在是让我欣喜万分，还告诉他在这个世界上令我最感兴趣的东西，就是电脑。后来，我问他最喜欢什么东西时，他瞪了我一眼说：“性爱。”在那个夏天我真的学到了不少。

一往无前的爱

★ 事情不是永远都朝着我想要的方向发展，诚如米克·杰格（MickJagger，著名的滚石合唱团主唱）说的：你不可能总是得到你想要的。但有时候你可以得到你需要的。

5年前这会困扰我，现在我会休息一下，并思索或许这其中包含一些智慧。就像亨利·福特在20世纪20年代也有几季不好过。

我不是个以权力为导向的人，我非常关心苹果公司。我成年以后生活的大部分时间都投入到制造伟大的产品和建立一家伟大的公司中了。所以我将尽我所能促进苹果公司的成长，如果那意味着我需要去打扫楼梯，我就会去打扫楼梯；如果那意味着清洁马桶，我也会去清洁马桶。

他们想到很多东西。对于一些人而言，当事情发生时是非常困难的。你必须非常强烈地思索你的内在价值中什么对你而言是真正重要的。当事情发生得很快时，你没有时间仔细思考，它可能扰乱你的思绪。

我被要求搬出我的办公室，他们在与苹果公司大楼所在的街对面租了一栋小楼，我给它起了个绰号，叫“西伯利亚”。

我就这样搬到了苹果公司的对面。我想让苹果公司的每一位管理人员都有我的电话号码。我知道约翰，史考利肯定有，所以我就给剩下的那些人挨个儿打电话，让他们都知道我的电话号码。我还告诉他们，如果有用到我的地方，尽管给我打电话好了。

他们当面都有一套热忱的说辞，但是没有人给我打电话。我只好像往常一样去公司工作，到了那里后，只能接一两个电话，打开几封邮件看看，大部分公司管理方面的文件都不会放到我的办公桌上了。一些人可能是因为看到我的车停在停车场里，就过来安慰我，向我表示同情。而我会变得沮丧，并在两三个或三四个小时内打道回府，这真的让人很沮丧。

我这样做了几次，我感觉这简直是对我精神的折磨，我就不再去了。要知道，在那里没有人是真的想念我。

好像有人揍了你的胃一拳，这使你丧失斗志，而且无法呼吸。但如果你放轻松，你可以再度开始呼吸。那就是我的感觉，我必须做的事是努力放松。这很难。我在林间走了很久，那时我真的不想同任何人讲话。

在被放逐的时间里，我一直在思考自己的将来和优势。

今天早上的报纸指出苹果公司正考虑革除我的董事长职位，我不如道这些报道的消息来源，但是它们不只误导大众，对我也不公平。

回想在日前的董事会上，我说明我已经决定开创一项新的事业，而且我提出辞去董事长一职。

董事会拒绝接受我辞职，并要求我延后一周。根据董事会对于我提出新事业给予的鼓励，以及苹果公司将会投资这个事业的指示，我同意如此做。周五，在我告诉约翰·史考利哪些人会加入我的团队后，他证实苹果公司愿意讨论公司和我的新事业之间可能合作的领域。

接着，公司似乎对我和新事业采取敌对的姿态，因此，我必须坚持公司立即受理我的辞呈。我希望在任何公司觉得有必要发表的声明中，清楚说明辞去董事长职务是我的决定。

对于管理部门在这次事件中的行为，我本人感到悲伤与困惑，在我看来这似乎不符合苹果公司的最佳利益。因为考虑到过去我与苹果公司的关系，以及我仍然在苹果公司持有大笔的股份，所以我依然深切关心苹果公司。

我仍旧希望公司内部比较冷静的声音可以被听到，一些公司代表之前表示，他们害怕我会将苹果公司所拥有的技术运用在我的新事业上。任何这样的疑虑都是毫无根据的，如果那个疑虑是苹果公司对这家创业公司产生敌意的真正原因，我可以作出保证，以消除这项疑虑。

诚如你所知，公司最近的组织调整使得我没有工作可做，甚至无从看到例行的管理报告。我只有30岁，仍然想要有贡献与成就。

在我们一起取得所有的成就之后，我希望我们的分道扬镳将是友善且有尊严的。

我不会怨恨。我对此没有什么悲伤，我只是有挫败感。我拥有苹果最好的人才，我觉得如果我们不做它，我们就真的有麻烦。当然，正是这些人打造了Macintosh。(耸耸肩) 看看Mac。

我确信，如果不是被苹果公司解雇，这一切绝不可能发生。这是一剂苦药，可我认为良药苦口利于病。有时生活会当头给你一棒，但不要灰心。我坚信，让我一往无前的唯一力量就是我热爱我所做的一切。

过度选择的误区

★ 我们家花了很长时间讨论到底想要购买哪种机器。最后，我们讨论了很多关于设计方面的问题。衣服洗涤时间是一小时还是一个半小时：洗完的衣服，质感是否更加柔顺并且寿命能否保持长久？洗衣是否只需用四分之一的水？每天吃晚饭的时候我们都会讨论这些问题，这样一直持续了两个星期。不知不觉我们就会转到洗衣机的讨论上，而且每一次谈话讨论的都是设计话题。

★ 这些产品的制作真的是非常非常棒，这是过去这些年中我所购买的，令我们全家人都感到满意的少数几件产品之一。这些人真的对整个洗衣过程进行了非常详细地观察，他们在洗衣机设计方面的工作做得相当细致。多年来我购买的所有高科技产品中，这次购买的产品最令我满意。

家庭生活启迪

★ 一个人成为父母亲以后，他的人生观就发生变化了。这就好像你内心深处突然多了一种奇怪的力量在左右你的思想一样。对零乱纷争的大千世界，你会有一种全新的感觉，这种感觉在以前是绝对没有的。

★ 我要努力做一个好父亲，就像我的父亲对待我一样。这些都要感谢我的婚姻、感谢我的妻子。

★ 它让我们看得更远，但并没有让我们更有耐心。它让我们更懂得应优先考虑哪些问题，因为没有足够的优秀人员做你想要做的每一件事情，所以在分派顶级团队做事之前，我们都会好好考虑一番，但这与更加有耐心并不一样。

完美主义者

★ 让一个团队来设计一件产品是件很难的事情。大多时候，很多人都不知道干什么，直到有人来告诉他们该怎么做。

★ 市场需要一种以产品为导向的文化，在技术公司也是如此。很多公司拥有非常多杰出的工程师和聪明的员工，但是从根本上而言，这些公司更需要将所有一切集合在一起的“地心引力”。否则，你得到的可能就是漂浮在宇宙中的一个又一个了不起的技术片段。这些技术片段无法组合在一起产生伟大的作品。苹果公司曾经有一段时间缺少了这种“地心引力”，就像有很多非常有趣的东西在公司周围漂浮着，但是却没有一种将它们拉在一起的“地心引力”。

强势的控制者

★ 因为你在其他任何地方都做不了你在苹果可以做的事情。在那些电脑公司里，工程学早就没影了。他们根本不了解软件层面的事情。所以你现在根本不可能在其他地方做出你能在苹果里做出来的产品。

苹果是唯一一家将方方面面全盘掌控的公司。没有其他公司能够造一台MacBook Air出来，因为我们不仅控制了硬件，我们还控制了操作系统。得益于操作系统和硬件之间的紧密互动，我们才可以实现目标。在Windows和戴尔笔记本之间就没有什么紧密互动可言。

我们的员工都是那些乐意去制造最优秀产品的人才。你会很惊讶于他们的工作态度。晚上和周末，他们都加班加点，有时候他们甚至在圣诞节工作，以保证地球上某一角落某一公司的电脑工具的正常运作，确保公司产品得到优秀的评价。一切都显示出，他们具有很好的主人翁精神。

静对癌魔育新人

一年前，我被判定得了癌症。那天早上7点30分做断层扫描时，发现胰脏里出现肿瘤，我甚至不知道胰脏是用来做什么的。医生告诉我，几乎确定这是不治之症，大概只能再活3~6个月了。医生要我回家，好好跟家人相聚，医生面对临终病人时总是这样说。这代表着你得在几个月内，把将来10年想跟小孩说的话讲完，然后，你真的得说再见了。

当时我满脑子都是这个判我死刑的诊断。当晚做了一次切片检查，内视镜从喉咙伸进胃再到肠子，还插了根针到胰脏取出肿瘤细胞的样本。打了镇静剂后我不省人事，是我太太陪着我，她看着医生检查。后来她跟我说，当医生查看癌细胞后十分高兴，因为那是一种非常少见的胰腺癌，可以用外科手术切除。我现在已经完全康复了。

那是我最接近死神的一刻，希望也是未来几十年最接近的一次。

在经历过死亡关卡后，我更要告诉大家：没有人想死，即使那些想上天堂的人，也想活着上天堂。但死亡是我们共同的终点，没人逃得了。死亡，更是生命最伟大的发明，是辞旧迎新，传承生命的媒介。现在的新生代是你们，但不久的将来，你们也会年华老去，离开人生的舞台。抱歉，虽然形容得这么戏剧化，但这是真的。

我们苹果公司有真正有才华的人才。我任命蒂姆·库克为首席运营官，并且让他负责管理Mac部门。他的表现非常出色。我的意思是，有些人会说："天哪，如果（乔布斯）被车撞了，苹果公司就要有麻烦了。"可是你知道，我觉得这不是什么好事，但对于谁担任CEO的问题，董事会会有一些不错的备选方案。我的工作就是充分磨炼整个高层管理团队，让他们有资格成为接班人，这是我努力做的工作。

过去11年间，我将自己的全部都贡献给了苹果。如果我不能继续胜任苹果CEO的职责，我将第一个站出来告诉董事会。

非常不幸，我个人的健康状况不仅令我和家人到了不可忍受的地步，在苹果的每一个人都会深有同感。在过去的一周中，我得知我的健康问题的复杂程度远超出了我的想象。

我现在的肝脏来自于一名25岁左右的年轻人。他死于一场车祸。如果不是这种慷慨的行为，我现在已不能站在这里。

有人说，如果我离开苹果，那么公司将遭遇危机。但事实并非如此，我们有很多有能力的人。

当我上次回归苹果时，情况远比我想象的要严重得多。苹果的员工被认为是一群失败者，他们几乎要放弃所有的努力。

我非常爱苹果，希望我能够尽快回来。

附录一：乔布斯著名演讲

你必须要找到你所爱的东西

——史蒂夫·乔布斯在斯坦福大学2005年毕业典礼上的演讲

我今天很荣幸能和你们一起参加毕业典礼，斯坦福大学是世界上最好的大学之一。我从来没有从大学中毕业。说实话，今天也许是在我的生命中离大学毕业最近的一天了。今天我想向你们讲述我生活中的三个故事。不是什么大不了的事情，只是三个故事而已。

第一个故事是关于如何把生命中的点点滴滴串连起来。

我在Reed大学读了六个月之后就退学了，但是在十八个月以后——我真正的做出退学决定之前，我还经常去学校。我为什么要退学呢？故事从我出生的时候讲起。我的亲生母亲是一个年轻的没有结婚的大学毕业生。她决定让别人收养我，她十分想让我被大学毕业生收养。所以在我出生的时候，她已经做好了一切的准备工作。所以我的养父母突然在半夜接到了一个电话："我们现在这儿有一个不小心生出来的男婴，你们想要他吗？"他们回答道："当然！"但是我亲生母亲随后发现，我的养母从来没有上过大学，我的养父甚至从没有读过高中。她拒绝签这个收养合同。只是在几个月以后，我的父母答应她一定要让我上大学，那个时候她才勉强同意。

在十七岁那年，我真的上了大学。但是我很愚蠢的选择了一个几乎和你们斯坦福大学一样贵的学校，我父母还处于蓝领阶层，他们几乎把所有积蓄都花在了我的学费上面。在六个月后，我已经看不到其中的价值所在。我不知道我真正想要做什么，我也不知道大学能怎样帮助我找到答案。但是在这里，我几乎花光了我父母这一辈子的全部积蓄。所以我决定要退学，我觉得这是个正确的决定。不能否认，我当时确实非常的害怕，但是现在回头看看，那的确是我这一生中最棒的一个决定。在我做出退学决定的那一刻，我终于可以不必去读那些令我提不起丝毫兴趣的课程了。然后我可以开始去修那些看起来有点意思的课程。

但是这并不是那么浪漫。我失去了我的宿舍，所以我只能在朋友房间的地板上面睡觉，我去捡可以换5美分的可乐罐，仅仅为了填饱肚子，在星期天的晚上，我需要走七英里的路程，穿过这个城市到位于纽约的Hare Krishna神庙，只是为了能吃上好饭，这个星期唯一好一点的饭，我喜欢那里的饭菜。

我跟着我的直觉和好奇心走，遇到的很多东西，此后被证明是无价之宝。让我给你们举一个例子吧：Reed大学在那时提供也许是全美最好的美术字课程。在这个大学里面的每个海报，每个抽屉的标签上面全都是漂亮的美术字。因为我退学了，不必去上正规的课程，所以我决定去参加这个课程，去学学怎样写出漂亮的美术字。我学到了多种艺术字体，我学会了怎么样在不同的字母组合之中改变空白间距，还有怎么样才能做出最棒的印刷式样。那种美好、历史感和艺术精妙，是科学永远不能捕捉到的，我发现那实在是太迷人了。当时看起来这些东西在我的生命中，好像都没有什么实际应用的可能。但是十年之后，当我们在设计第一台Macintosh电脑的时候，就不是那样了。我把当时我学的那些 东西全都设计进了Mac。那是第一台使用了漂亮的印刷字体的电脑。如果我当时没有退学，就不会有机会去参加这个我感兴趣的美术字课程，Mac就不会有这么多丰富的字体，以及赏心悦目的字体间距。因为Windows只是照抄了Mac，所以现在个人电脑才能有现在这么美妙的字型。当然我在大学的时候，还不可能把从前的点点滴滴串连起来，但是当我十年后回顾这一切的时候，真的豁然开朗了。

再次说明的是，你在向前展望的时候不可能将这些片断串连起来；你只能在回顾的时候将点点滴滴串连起来。所以你必须相信这些片断会在你未来的某一天串连起来。你必须要相信某些东西：你的勇气、目的、生命、因缘……这个过程从来没有令我失望，只是让我的生命更加地与众不同。

我的第二个故事是关于爱和失去。

我非常幸运，因为我在很早的时候就找到了我钟爱的东西。Woz和我在二十岁的时候就在父母的车库里面开创了苹果公司。我们工作得很努力，十年之后，这个公司从那两个车库中的穷小子发展到了超过四千名的雇员、价值超过二十亿的大公司。在公司成立的第九年，我们刚刚发布了最好的产品，那就是Macintosh。我也快要到三十岁了。在那一年，我被炒了鱿鱼。你怎么可能被你自己创立的公司炒了鱿鱼呢？嗯，在苹果快速成长的时候，我们雇用了一个很有天分的家伙和我一起管理这个公司，在最初的几年，公司运转的很好。但是后来我们对未来的看法发生了分歧，最终我们吵了起来。当争吵到不可开交的时候，董事会站在了他的那一边。所以在三十岁的时候，我被炒了。在这么多人目光下我被炒了。在而立之年，我生命的全部支柱离自己远去，这真是毁灭性的打击。

在最初的几个月里，我真是不知道该做些什么。我觉得我很令上一代的创业家们很失望，我把他们交给我的接力棒弄丢了。我和创办惠普的David Pack、创办Intel的Bob Noyce见面，并试图向他们道歉。我把事情弄得糟糕透顶了。但是我渐渐发现了曙光，我仍然喜爱我从事的这些东西。苹果公司发生的这些事情丝毫的没有改变这些，一点也没有。我被驱逐了，但是我仍然钟爱我所做的事情。所以我决定从头再来。

我当时没有觉察，但是事后证明，从苹果公司被炒是我这辈子发生的最棒的事情。因为，作为一个成功者的负重感被作为一个创业者的轻松感觉所重新代替，没有比这更确定的事情了。这让我觉得如此自由，进入了我生命中最有创造力的一个阶段。在接下来的五年里，我创立了一个名叫NeXT的公司，还有一个叫Pixar的公司，然后和一个后来成为我妻子的优雅女人相识。Pixar制作了世界上第一个用电脑制作的动画电影——“玩具总动员”，Pixar现在也是世界上最成功的电脑制作工作室，在后来的一系列运作中，Apple收购了NeXT，然后我又回到了Apple公司。我们在NeXT发展的技术在Apple的今天的复兴之中发挥了关键的作用。而且，我还和Laurence一起建立了一个幸福完美的家庭。

我可以非常肯定，如果我不被Apple开除的话，这些事情一件也不会发生的。这个良药的味道实在是太苦了，但是我想病人需要这个药。有些时候，生活会拿起一块砖头向你的脑袋上猛拍一下。不要失去信仰。我很清楚唯一使我一直走下去的，就是我做的事情令我无比钟爱。你需要去找到你所爱的东西。对于工作是如此，对于你的爱人也是如此。你的工作将会占据生活中很大的一部分。你只有相信自己所做的是伟大的工作，你才能怡然自得。如果你现在还没有找到，那么继续找、不要停下来，只要全心全意的去找，在你找到的时候，你的心会告诉你的。就像任何真诚的关系，随着岁月的流逝只会越来越紧密。所以继续找，直到你找到它，不要停下来！

我的第三个故事是关于死亡的。

当我十七岁的时候，我读到了一句话：“如果你把每一天都当作生命中最后一天去生活的话，那么有一天你会发现你是正确的。”这句话给我留下了一个印象。从那时开始，过了33年，我在每天早晨都会对着镜子问自己：“如果今天是我生命中的最后一天，你会不会完成你今天想做的事情呢？”当答案连续多天是“No”的时候，我知道自己需要改变某些事情了。“记住你即将死去”是我一生中遇到的最重要箴言。它帮我指明了生命中重要的选择。因为几乎所有的事情，包括所有的荣誉、所有的骄傲、所有对难堪和失败的恐惧，这些在死亡面前都会消失。我看到的是留下的真正重要的东西。你有时候会思考你将会失去某些东西，“记住你即将死去”是我知道的避免这些想法的最好办法。你已经赤身裸体了，你没有理由不去跟随自己内心的声音。

大概一年以前，我被诊断出癌症。我在早晨七点半做了一个检查，检查清楚的显示在我的胰腺有一个肿瘤。我当时都不知道胰腺是什么东西。医生告诉我那很可能是一种无法治愈的癌症，我还有三到六个月的时间活在这个世界上。我的医生叫我回家，然后整理好我的一切，那是医生对临终病人的标准程序。那意味着你将要把未来十年对你小孩说的话在几个月里面说完.；那意味着把每件事情都安排好，让你的家人会尽可能轻松的生活；那意味着你要说“再见了”。

我拿着那个诊断书过了一整天，那天晚上我作了一个活切片检查，医生将一个内窥镜从我的喉咙伸进去，通过我的胃，然后进入我的肠子，用一根针在我的胰腺上的肿瘤上取了几个细胞。我当时是被麻醉的，但是我的妻子在那里，后来告诉我，当医生在显微镜下观察这些细胞的时候他们开始哭，因为这些细胞最后竟然是一种非常罕见的可以用手术治愈的胰腺癌症细胞。我做了这个手术，现在我痊愈了。

那是我最接近死亡的时候，我希望这也是以后的几十年最接近的一次。从死亡线上又活了过来，我可以比以前把死亡只当成一种想象中的概念的时候，更肯定一点地对你们说：没有人愿意死，即使人们想上天堂，也不会为了去那里而死。但是死亡是我们每个人共同的终点。从来没有人能够逃脱它。也应该如此。因为死亡就是生命中最好的一个发明。它将旧的清除以便给新的让路。你们现在是新的，但是从现在开始不久以后，你们将会逐渐的变成旧的然后被送离人生舞台。我很抱歉这十分戏剧性，但是这很真实。

你们的时间很有限，所以不要将他们浪费在重复其他人的生活上。不要被教条束缚，那意味着你和其他人思考的结果一起生活。不要被其他人喧嚣的观点掩盖你真正的内心的声音。还有最重要的是，你要有勇气去听从你直觉和心灵的指示——它们在某种程度上知道你想要成为什么样子，所有其他的事情都是次要的。

当我年轻的时候，有一本叫做“整个地球的目录”振聋发聩的杂志，它是我们那一代人的圣经之一。它是一个叫Stewart Brand的家伙在离这里不远的Menlo Park编辑的，他象诗一般神奇地将这本书带到了这个世界。那是六十年代后期，在个人电脑出现之前，所以这本书全部是用打字机，剪刀还有偏光镜制造的。有点像用软皮包装的Google，在Google出现三十五年之前：这是理想主义的，其中有许多灵巧的工具和伟大的想法。

Stewart和他的伙伴出版了几期的“整个地球的目录”，当它完成了自己使命的时候，他们做出了最后一期的目录。那是在七十年代的中期，我正是你们的年纪。在最后一期的封底上是清晨乡村公路的照片（如果你有冒险精神的话，你可以自己找到这条路的），在照片之下有这样一段话：“求知若饥，虚心若愚。”这是他们停止了发刊的告别语。

求知若饥，虚心若愚。我总是希望自己能够那样，现在，在你们即将毕业，开始新的旅程的时候，我也希望你们能这样：求知若饥，虚心若愚。

非常感谢你们！

附录二：乔布斯生平

史蒂夫·乔布斯(Steve Paul Jobs)，出生于1955年2月24日。1972年高中毕业后，在美国俄勒冈州波特兰市的里德学院只学习了一学期，1974年乔布斯在一家公司找到设计电脑游戏的工作。两年后，时年21岁的乔布斯和26岁的沃兹·尼艾克在乔布斯家的车库里成立了苹果电脑公司。

乔布斯被认为是计算机业界与娱乐业界的标志性人物，同时人们也把他视作麦金塔计算机、iPad、iPod、iTunes Store、iPhone等知名数字产品的缔造者。

乔布斯同时也是前Pixar动画公司的董事长及行政总裁(Pixar已在2006年被迪士尼收购)，这间公司如今已成为畅销动画电影《玩具总动员》和《虫虫危机》的制作厂商乔布斯还是迪士尼公司的董事会成员和最大个人股东。

编年简历

1955年2月24日，乔布斯生于美国旧金山。

1972年，毕业于加利福尼亚州洛斯阿图斯的Homestead高中，后入读俄勒冈州波特兰的里德学院，六个月后退学。

1976年，乔布斯与斯蒂夫·沃兹尼亚克成立苹果公司。

1985年，乔布斯获得了由里根总统授予的国家级技术勋章。

1997年，成为《时代周刊》的封面人物；同年被评为最成功的管理者，是声名显赫的“计算机狂人”。

2007年，史蒂夫·乔布斯被《财富》杂志评为了年度最有影响力的商人 。

2009年，被财富杂志评选为这十年美国最佳行政总裁，同年当选《时代周刊》年度风云人物之一。

乔布斯的生涯极大地影响了硅谷风险创业的传奇，他将美学至上的设计理念在全世界推广开来。他对简约及便利设计的推崇为他赢得了许多忠实追随者。

乔布斯与沃兹尼亚克共同使个人计算机在70年代末至八十年代初流行开来，他也是第一个看到鼠标的商业潜力的人。

1985年，乔布斯在苹果高层权力斗争中离开苹果并成立了NeXT公司，瞄准专业市场。

1997年，苹果收购NeXT，乔布斯回到苹果接任行政总裁。

2011年8月24日，乔布斯辞去苹果公司行政总裁职位。

2011年10月5日，乔布斯逝世，终年56岁。

苹果诞生

1955年2月24日，史蒂夫·乔布斯出生在美国旧金山。刚刚出生，就被在美国旧金山一家餐馆打工的父亲与潇洒的酒吧管理员的母亲遗弃了。幸运的是，一对好心的夫妻收留了他。

虽然是养子，但养父母却对他很好，如同亲子。学生时代的乔布斯聪明、顽皮，肆无忌惮，常常喜欢别出心裁地搞出一些令人啼笑皆非的恶作剧。不过，他的学习成绩倒是十分出众。

当时，乔布斯就生活在后来著名的“硅谷”附近，邻居都是“硅谷”元老——惠普公司的职员。

在这些人的影响下，乔布斯从小就很迷恋电子学。一个惠普的工程师看他如此痴迷，就推荐他参加惠普公司的“发现者俱乐部”。这是个专门为年轻工程师举办的聚会，每星期二晚上在公司的餐厅中举行。就在一次聚会中，乔布斯第一次见到了电脑，他开始对计算机有了一个朦胧的认识。

在上初中时（1976年），乔布斯在一次同学聚会上，与斯蒂夫·沃兹尼亚克（Steve Wozniak）见面，两人一见如故。斯蒂夫·沃兹尼亚克是学校电子俱乐部的会长，对电子有很大的兴趣。

19岁那年，乔布斯只念一学期就因为经济因素而休学，成为雅达利电视游戏机公司的一名职员。借住朋友家（沃兹家）的车库，常到社区大学旁听书法课等课程。1974年，他赚钱往印度灵修，吃尽苦头，只好重新返回雅达利公司做了一名工程师。

安定下来之后，乔布斯继续自己年少时的兴趣，常常与沃兹尼亚克一道，在自家的小车库里琢磨电脑。他们梦想着能够拥有一台自己的计算机，可是当时市面上卖的都是商用的，且体积庞大，极其昂贵，于是他们准备自己开发。制造个人电脑必需就是微处理器，可是当时的8080芯片零售价要270美元，并且不出售给个人。

两个人不灰心，仍继续寻找，终于在1976年度旧金山威斯康星计算机产品展销会上买到了摩托罗拉公司出品的6502芯片，功能与英特尔公司的8080相差无几，但价格只要20美元。

带着6502芯片，两个狂喜的年轻人回到乔布斯的车库，开始了自己伟大的创新。他们设计了一个电路板，将6502微

处理器和接口及其他一些部件安装在上面，通过接口将微处理机与键盘、视频显示器连接在一起，仅仅几个星期，电脑就装好了。

乔布斯的朋友都震惊了，但他们都没意识到，这个其貌不扬的东西，会给以后的世界带来多大的影响。但是精明的乔布斯立即估量出这种电脑的市场价值所在。为筹集批量生产的资金，他卖掉了自己的大众牌小汽车，同时沃兹也卖掉了他珍爱的惠普65型计算器。就这样，他们有了奠基伟业的1300美元。

1976年4月1日那天，乔布斯、沃兹及乔布斯的朋友龙·韦恩（Long Wayne）做了一件影响后世的事情：他们三人签署了一份合同，决定成立一家电脑公司。随后，21岁的乔布斯与26岁的斯蒂夫·沃兹尼亚克在自家的车房里成立了苹果公司。公司的名称由偏爱苹果的乔布斯一锤定音——称为苹果。后来流传开来的就是那个著名的商标——只被人咬了一口的苹果。而他们的自制电脑则被顺理成章地追认为“苹果I号”电脑了。

早期发展

在苹果公司创业初期，“苹果”机的生意很不好，毕竟它是一个全新的东西，除了对电子感兴趣的人，谁知道这个东西会有什么用处，而原先对“苹果一号”感兴趣的朋友们现在开始持观望态度，等待更好的“苹果II号”的出台。

一个偶然的机遇给“苹果”公司带来了转机。1976年7月，零售商保罗·特雷尔(Paul Jay Terrell)来到了乔布斯的车库，当看完乔布斯熟练地演示电脑后，他认为“苹果”机大有前途，决意冒一次风险——订购50台整机，但要求一个月内交货，乔布斯喜出望外，立即签约，拍板成交，这可是做成的第一笔“大生意”。

时间太仓促，任务又繁重，乔布斯和沃兹冒着酷暑，没日没夜地干了起来，为了公司的生存，他们豁出去了。他们每天几乎都在挥汗如雨、顽强拼搏中度过，每周工作66小时。终于在第

29天他们奇迹般地完成了任务，把50台“苹果”电脑如数交给了商人特雷尔。50台整机在特雷尔手里很快销售一空，有了良好的开始。“苹果”公司名声大振。开始了小批量生产。乔布斯和沃兹开始意识到，他们的小资本根本不足以应付这急速的发展。乔布斯后来回忆道：“大约是在1976年秋，我发现市场的增长比我们想象的还快，我们需要更多的钱。”为此，他们分头去找资金支持，包括沃兹就职的公司惠普，但遗憾的是，这些公司都没意识到这其中蕴藏的商机和市场。

机遇往往垂青努力的人。1976年10月，百万富翁马尔库拉慕名前来拜访沃兹和他们的车库工场。马尔库拉是位训练有素的电气工程师，且十分擅长推销工作，被人们称为推销奇才。由于在股票生意上发了财，他很早就选择了退休的生活。但看到这两个年轻人的新产品，马尔库拉决心重操旧业，帮助他们把公司大张旗鼓地办起来。他主动帮助他们制定一份商业计划，给他们贷款69万美元，将自己的命运与两个年轻人联系在一起。有了马尔库拉这样行家里手的指导，有了这笔巨资，“苹果”公司的发展速度大大加快了。

1977年4月，美国有史以来的第一次计算机展览会在西海岸开幕了。为了在展览会上打出名声，乔布斯四处奔走，花费巨资，在展览会上弄到了最大最好的摊位。更引人注目的当然是苹果II号样机，它一改过去个人电脑沉重粗笨、设计复杂、难以操作的形象，以小巧轻便、操作简便和可以安放在家中使用等鲜明特点，紧紧抓住了观众的心。它只有12磅重，仅用10只螺钉组装，塑胶外壳美观大方，看上去就像一部漂亮的打字机。人们都不敢相信这部小机器竟能在大荧光屏上连续显示出壮观的、如同万花筒般的各种色彩，“苹果II”机在展览会上一鸣惊人，几千名用户拥向展台，观看、试用，订单纷纷而来。

1980年12月12日，苹果公司股票公开上市，在不到一个小时内，460万股全被抢购一空，当日以每股29美元收市。按这个收盘价计算，苹果公司高层产生了4名亿万富翁和40名以上的百万富翁。乔布斯作为公司创办人当然是排名第一。

1983年，Lisa数据库和Apple Iie发布，售价分别为9998美元和1395美元。Apple成为历史上发展最快的公司。但是Lisa的发布预示了苹果的没落，一台不合实际、连美国人都嫌贵的电脑是没有多少市场的，而Lisa又侵吞了Apple大量研发经费。可以说苹果兴起之时就是其没落开始之时。

因为巨大的成功，乔布斯在1985年获得了由里根总统授予的国家级技术勋章。然而，成功来得太快，过多的荣誉背后是强烈的危机。

由于乔布斯经营理念与当时大多数管理人员不同，加上蓝色巨人IBM公司也开始醒悟过来，也推出了个人电脑，抢占大片市场，使得乔布斯新开发出的电脑节节惨败，总经理和董事们便把这一失败归罪于董事长乔布斯，于1985年4月经由董事会决议撤销了他的经营大权。乔布斯几次想夺回权力均未成功，便在1985年9月17日愤而辞去苹果公司董事长。史蒂夫的出走，使他更加意识到自己的错误，吸收教训，也为今后重回Apple并拯救它做好准备，辞职几天后，乔布斯又创办了“Next”电脑公司，继续开始他的事业之旅。

独立时期

1986年乔布斯花1000万美元从乔治·卢卡斯手中收购了Lucasfilm旗下位于加利福尼亚州Emeryville的电脑动画效果工作室，并成立独立公司皮克斯动画工作室。在之后十年，该公司成为了众所周知的3D电脑动画公司，并在1995年推出全球首部全3D立体动画电影《玩具总动员》。这公司已在2006年被迪斯尼收购，乔布斯也因此成为最大股东。

回归苹果

1996年12月17日，全球各大计算机报刊几乎都在头版刊出了“苹果收购Next，乔布斯重回苹果”的消息。此时的乔布斯，正因其公司（现皮克斯）成功制作第一部电脑动画片《玩具总动员》而名声大振，个人身价已暴涨逾10亿美元；而相形之下，苹果公司却已濒临绝境。乔布斯于苹果危难之中重新归来，苹果公司上下皆十分欢欣鼓舞。就连前CEO阿梅利奥也在迎接乔布斯的欢迎词中说：“我们以最隆重的仪式欢迎我们最伟大的天才归来，我们相信，他会让世人相信苹果电脑是信息业中永远的创新者。”乔布斯重归故里，心中牵系“大事业”的梦想。他向苹果电脑的追随者们说：“我始终对苹果一往情深，能再次为苹果的未来设计蓝图，我感到莫大荣幸。”这个曾经的英雄终于在众望所归下重新归来了！

改革时期

受命于危难之际，乔布斯果敢地发挥了首席执行官的权威，大刀阔斧地进行改革。他首先改组了董事会，然后又做出一件令人们瞠目结舌的大事——抛弃旧怨，与苹果公司的宿敌微软公司握手言欢，缔结了举世瞩目的“世纪之盟”，达成战略性的全面交叉授权协议。乔布斯因此再度成为《时代》周刊的封面人物。接着，他开始推出了新的电脑。

1998年，iMac背负着苹果公司的希望，凝结着员工的汗水，寄托着乔布斯振兴苹果的梦想，呈现在世人面前。它是一个全新的电脑，代表着一种未来的理念。半透明的外装，一扫电脑灰褐色的千篇一律的单调，似太空时代的产物，加上发光的鼠标，以及1299美元的价格标签，令人赏心悦目……不愧是苹果设计，标新立异，非同凡响。

为了宣传，乔布斯把笛卡尔的名言“我思故我在”变成了

iMac的广告文案 I think, therefore iMac! 由此成了广告业的经典案例。

新产品重新点燃了苹果机拥戴者们的希望。三年来他们一直在等待的东西出现了，iMac成了当年最热门的话题。

1998年12月，iMac荣获《时代》杂志“1998最佳电脑”称号，并名列“1998年度全球十大工业设计”第三名。

1999年乔布斯又推出了第二代iMac，有着红、黄、蓝、绿、紫五种水果颜色的款式供选择，一经面市就受到用户的热烈欢迎。

1999年7月，推出的外形蓝黄相间，像漂亮玩具一样的笔记本电脑iBook在市场上迅即受到用户追捧。iBook融合了iMac独特的时尚风格、最新无线网络功能(wlan)与苹果电脑在便携电脑领域的全部优势，是专为家庭和学校用户设计的“可移动iMac”。

1999年10月，iBook夺得“美国消费类便携电脑”市场第一名，还在《时代》杂志举行的“1999年度世界之最”评选中，荣获“年度最佳设计奖”。

在乔布斯的改革之下，“苹果”终于实现盈利。乔布斯刚上任时，苹果公司的亏损高达10亿美元，一年后却奇迹般地盈利3.09亿美元。

1999年1月，当乔布斯宣布第四财政季度盈利1.52亿美元，超出华尔街的预测38%时，苹果公司的股价立即攀升，最后以每股4.65美元收盘，舆论哗然。苹果电脑在PC市场的占有率已由原来的5%增加到10%。

1997年，乔布斯被评为“最成功的管理者”。越来越多的业界同仁认同了此观点。甚至连当初将乔布斯挤出苹果公司的斯卡利也情不自禁地赞叹：“苹果的逆转不是骗局，乔布斯干得绝对出色。苹果又开始回到原来的轨道。”

乔布斯成为一个奇迹，但这个奇迹还将继续进行下去。他总是给人以不断地惊喜，无论是开始还是后来，他天才的电脑天赋；平易近人的处世风格；绝妙的创意脑筋；伟大的目标；处变不惊的领导风范筑就了苹果企业文化的核心内容，苹果公司的雇员对他的崇敬简直就是一种宗教般的狂热。

雇员甚至对外面的人说：我为乔布斯工作！2003年，人们预言，乔布斯将第三次登上《时代》杂志封面。

宣布辞职

2011年8月24日，苹果CEO乔布斯正式向苹果董事会提交辞职申请。他还在辞职信中建议由首席营运长蒂姆·库克（Tim Cook）接替他的职位。乔布斯在辞职信中表示，自己无法继续担任CEO，不过自己愿意担任公司董事长、董事或普通职员。苹果公司股票暂停盘后交易。乔布斯在信中并没有指明辞职原因，但他一直都在与胰腺癌作斗争。2011年8月25日，苹果宣布史蒂夫·乔布斯辞职，并立即生效，他的职位由蒂姆·库克接任。同时苹果宣布任命史蒂夫·乔布斯为公司董事长，蒂姆·库克将担任董事。

传奇岁月

1955年2月24日，乔安妮·卡罗尔·司琪博乐(Joanne Carole Schieble)和阿博达尔法塔·江达利(Abdulfattah Jandali)在旧金山产下史蒂文·保罗-乔布斯(Steven Paul Jobs)。当时这对尚未结婚的夫妇将其儿子送人，保罗和克拉拉·乔布斯因此成为史蒂夫·乔布斯的养父母。

1961年，乔布斯一家迁往加利福尼亚州山景城，后来山景城的一部分被称为硅谷。

1968年，乔布斯向惠普联合创始人比尔·休利特(Bill Hewlett)打电话，寻找生产计频器的备件。休利特给了乔布斯备件，当年夏季为乔布斯提供了一个在惠普实习的机会。

1970年，乔布斯通过一位朋友认识了后来的苹果联合创始人史蒂夫·沃茨尼克(Steve Wozniak)。沃茨尼克在2006年出版的自传《iWoz》中称，尽管他与乔布斯相差4岁，但两人非常投缘。

1972年，乔布斯从加州库比蒂诺市Homestead高中毕业，入读Reed College大学，一个学期后辍学。乔布斯继续旁听自己感兴趣的课程。

1974年，乔布斯开始了Atari游戏机厂家短暂的工程师生涯，他请沃茨尼克帮助设计Pong单人游戏原型机，减少所需硬件。那年夏季，乔布斯离开Atari去印度旅行，后返回加州。

1976年，乔布斯与沃茨尼克和罗纳德·韦恩(Ronald Wayne)共同创建Apple Computer。同年，苹果销售Apple I，售价666.66美元。

1977年1月3日，苹果成立公司。

1977年6月5日，苹果发布Apple II，这是一款真正商业意义的PC，采用塑料机壳，配置彩色显卡，是苹果第一款成功的PC。

1980年12月12日，苹果公司上市，乔布斯身价2亿美元以上。

1984年1月24日，苹果推出Macintosh计算机，并在苹果股东大会上大肆宣传该计算机。乔布斯当时曾表示："我们将让Macintosh第一次验证其自身价值。无法用手举起计算机的时代将终结。"Macintosh成为第一款成功的商用小型计算机，采用图形用户界面。

1985年9月12日，CEO约翰·斯库里(John Sculley)将乔布斯驱逐出苹果。乔布斯辞任苹果董事长，他在董事会上表示："我考虑了很多，是该继续自己生活的时候了，我已经30岁了，也该干自己的事业了。"不久，乔布斯通过出售价值7000万美元的苹果股票创建了NeXT Computer，后更名为NeXT Software。NeXT工作站内置以太网端口，成为万维网的首款服务器。

1986年2月3日，乔布斯出资1000万美元收购卢卡斯电影公司的Graphics Group部门，该部门后来成为皮克斯动画工作室。

1988年，NeXT Computer发布第一款计算机。

1993年，NeXT放弃硬件业务，进军软件，更名为NeXT Software。

1995年11月29日，乔布斯出任皮克斯总裁兼CEO。年底，皮克斯上市。皮克斯上市一周前发行《玩具总动员》，该影片票房收入1.92亿美元。

1996年12月10日，苹果出资4.29亿美元收购NeXT后，乔布斯以顾问身份重返苹果。

1997年7月9日，乔布斯成为苹果实际掌权人，9月份担任临时CEO。

1997年8月6日，乔布斯宣布与微软结为合作关系，Mac计算机预装微软Office和IE浏览器，获得微软1.5亿美元投资。

1997年11月10日，苹果推出Apple Store，顾客可直接从苹果公司在线定制苹果产品。

1998年1月8日，苹果开始盈利。

1998年5月6日，苹果推出iMac，8月份上市。

2000年1月5日，乔布斯成为苹果正式CEO，拿1美元年薪，并放弃Newton和OpenDoc项目。乔布斯改变许可条款，抬高Mac计算机克隆成本。NeXT开发的技术最终演变为苹果产品如Mac OS。

2001年1月9日，苹果推出iTunes，当时只面向Mac计算机用户。乔布斯表示："iTunes领先于每一款音乐应用，我们希望iTunes简洁的用户界面能够吸引更多人加入这一数字音乐革命阵营。"

2001年3月24日，苹果发售Mac OS X第一版本，代号猎豹(Cheetah)。

2001年5月19日，苹果在美国弗吉尼亚州泰森角(Tysons

Corner)和加州格兰岱尔市(Glendale)开设第一批苹果零售店，其店面设计和人性化销售颇受欢迎。

2001年10月23日，苹果推出iPod。乔布斯表示："iPod是苹果发明的一种全新的数字音乐播放器，能够把用户的所有音乐收藏放进口袋，随地聆听。使用iPod听音乐将是一种前所未有的享受。"截至2011年10月，苹果共销售逾3亿部iPod。

2002年7月17日，苹果在Macworld大会上推出首款与Windows兼容的iPod。

2003年4月28日，苹果在美国开设iTunes Music Store。截至2010年2月24日，苹果通过iTunes销售100亿首歌曲；截至2011年6月，使用信用卡开立的iTunes账户达到2.25亿个。

2003年10月16日，iTunes与Windows兼容。

2004年8月1日，乔布斯因胰腺癌接受手术治疗。

2005年1月11日，苹果推出iPod Shuffle。乔布斯称："iPod Shuffle体积更小、重量更轻，售价低于100美元。用户使用的大多数闪存音乐播放器需要借助较小的显示屏和复杂的控制器来寻找音乐。使用iPod Shuffle，用户可省去许多麻烦，该音乐播放器在用户每次听歌曲时都提供新的音乐组合。"

2005年6月6日，苹果在WWDC大会上宣布，苹果新款

MacBook Pro和iMac计算机将由原来采用的IBM芯片转为英特尔酷睿双核芯片。

2005年9月7日，苹果推出iPod Nano。乔布斯称："iPod Nano是自首款iPod问世以来的最大革命。iPod Nano是一款尺寸极小的全功能iPod，将改变整个便携音乐市场的规则。"

2005年10月12日，苹果发布能够播放视频的iPod。乔布斯表示："这是我们生产的一款最佳音乐播放器，价格不变的情况下，尺寸较老版薄30%，容量较老版提高50%，还有视频播放功能。"

2006年1月13日，苹果市值超过戴尔。

2006年1月25日，迪斯尼斥资74亿美元收购皮克斯，乔布斯加盟迪斯尼董事会，成为最大股东。截至2011年3月份，乔布斯持有迪斯尼1.38亿股股票，约占该公司股份的7.29%，净值83亿美元。截至2011年2月，乔布斯持有苹果542.6万股股票。

2006年2月2日，iTunes销售其第十亿首歌曲。乔布斯表示："我希望每位客户、艺术家和音乐公司的高管能够抽出时间分享我们在过去三年内取得的成绩。"

2007年1月9日，苹果公司名称中去掉"Computer"，并推出iPhone。乔布斯在介绍iPhone时说："iPhone是一款革命性的神奇产品，较其它手机领先5年。我们一出生就有一双手，iPhone利用我们的手指指点动作创建了自鼠标以来最革命化的用户界面。"截至2011年8月份，苹果拥有19.1%的智能手机市场份额。截至2011年3月份，苹果已销售1.08亿部iPhone。

2007年9月5日，苹果推出iPod Touch。乔布斯曾说："iPod Touch是iPod的里程碑，在多点触摸用户界面和内置Wi-Fi无线网络的基础上引进大量新功能。人们会对体积如此之小、功能却如此强调的产品惊叹不已。"

2007年12月5日，加州州长阿诺德·施瓦辛格(Arnold Schwartzenegger)力邀乔布斯入加州名人堂。

2008年1月15日，苹果推出App Store，并推出MacBook Air。截至2011年10月4日，App Store应用下载次数达到180亿次。

2008年6月9日，苹果发布第一款云服务MobileMe。乔布斯表示："现在那些不运行Exchange的企业用户能够获得专属于大企业客户的电子邮件、日历和联系人推送服务。"

2009年1月14日，乔布斯休病假6个月。

2010年1月27日，苹果推出iPad。该产品上市第一周即销售50万部，年底，苹果在平板电脑市场上的份额为84%。截至2010年12月10日，iPad销量约1290万部；截至2011年6月，iPad销量约2500万部。当月，苹果披露已销售2亿部iOS设备。

2010年11月16日，苹果与百代达成协议，披头士音乐入驻iTunes。乔布斯表示："我们热爱披头士，披头士加入iTunes令我们感到兴奋，这是我们的荣幸。为此，我们走过了一段艰难曲折的长路。感谢披头士和百代使我们圆了iTunes在10年前发布时的梦想。"

2011年1月17日，因接受肝移植手术，乔布斯再次休病假。

2011年2月10日，苹果开始通过Verizon Wireless销售iPhone，与AT&T在美国的独家代理权结束。

2011年2月15日，苹果推出App Store媒体订阅服务。苹果表示："我们的观点很简单，如果是苹果为应用带来新订阅用户，我们将分成30%；如果是发行方为应用带来了现有订阅用户或新订阅用户，发行方将分成100%，苹果不会参与分成。"

2011年3月2日，乔布斯在旧金山举办的大会上意外现身，揭开iPad 2神秘面纱。

2011年6月6日，乔布斯在苹果主办的WWDC大会上做主题演讲，这也是乔布斯最后一次在苹果大会上公开露面。

2011年8月9日，苹果市值超过埃克森美孚，成为市值最高的美国公司，达到3371.7亿美元。

2011年8月24日，乔布斯辞任苹果CEO，担任董事长。

2011年10月5日，乔布斯逝世，结束他56年的传奇人生。

参考文献

1. 杰弗里·扬，威廉·西蒙著.蒋永军译.《活着就为改变世界：史蒂夫·乔布斯传》.中信出版社，2010.6

2. 林茨·迈尔著.毛尧飞译.《苹果传奇》 清华大学出版社，2006.2

3. 杰弗里·库鲁圣著.李芳龄译.《苹果电脑案例》.中国财经出版社，2007.1

4. 安迪·赫茨菲尔德著.洪慧芳译.《苹果往事：开发麦金托什的非凡岁月》.电子工业出版社，2010.1

5. 金错刀.《史蒂夫·乔布斯管理日志》中信出版社，2010.3

6. 刘顺仁.《别以为莫扎特只靠天才》.山西人民出版社，2008.10

7. 林志宏, 王静.《苹果风暴》.中华工商联合出版社, 2010

8. 王静.《苹果之父: 史蒂夫·乔布斯》.中华工商联合出版社, 2010

9. 武文胜.《苹果教父乔布斯》.金城出版社, 2009.3

10. 杨艾样, 李菁.《苹果CEO斯蒂芬·乔布斯的脑子在想什么》.中国发展出版社, 2009.5

11. 卡迈恩·加洛著.徐臻真译.《乔布斯的魔力演讲》.中信出版社, 2010.7

12. 张昊.《联想"卯上了"苹果系统成为关键》.中国经济时报, 2010.10

13. 周惟菁.《乔布斯和他的投资者们》.二十一世纪经济报道, 2008.5

14. 丁芳芳.《解构苹果CEO乔布斯: 既是"混蛋"也是奇迹》.新快报, 2008.6

15. 徐琳玲.《苹果"教主"乔布斯的故事》. 南方人物周刊, 2010. 4

16. 张愎.《苹果如何基业长青》. 第一财经日报, 2010. 6

18. 郑迪.《21世纪经济报道: 苹果的"短尾"》. 21世纪经济报道, 2010. 6

19. 杨琳桦.《世界是"苹"的》. 21世纪经济报道, 2010. 6

20. 冀勇庆.《像苹果那样争夺开发者》. IT经理世界, 2010. 6

21. 张娅, 王晓玲, 曾娜.《学习乔布斯产品思路将工业设计和营销推向极致》. 商务周刊, 2008. 6

22. 《苹果发家的战略规划: 滚雪球》. 环球企业家, 2010. 5

23. 马振龙.《中国联通升级苹果战略 iPhone4、iPad排队上市》. 每日新报, 2010. 8

24. 《苹果实施战略性降价剖析》. 商业周刊, 2009. 6

25. 理查德·沃特斯.《乔布斯: 苹果的灵魂》. 金融时报, 2010. 2.

26. 孙琎.《暴瘦的乔布斯: 还为苹果活着, 还行》. 第一财经日报, 2009. 1

27. 程伟.《乔布斯: 资本家毫不隐晦的魅力》. 21世纪商业评论, 2009. 4

28. 《苹果"教主"乔布斯》. 新商报, 2010. 6

29. 《苹果成功十大秘密: 一人独大坚持实用主义》. 南都周刊, 2010. 7

30. Mike Evangelist, 胡维.《真实的乔布斯》. 环球企

业家, 2009. 3

31. 熊寥.《乔布斯的iPhone4再一次改变一切》. 东方企业家, 2010. 7

32. 陈娅玲.《最佳CEO”乔布斯带来了什么》. 21世纪商业评论, 2009. 11

33. 《乔布斯的“应用创新”路径, 其实有三大关键词》. 华尔街日报, 2010. 6

34. 罗乾波.《乔布斯的独孤九剑》. 中国企业家, 2010. 9

35. 安慧.《创新思维不死的乔布斯精神》. 中国青年报, 2009. 8

36. 王育琨.《乔布斯与苹果的创新之魂》. 新财经, 2007. 9

37. 龙真.《乔布斯: 创新是消费者实际采纳的东西》IT时代周刊, 2008. 2

39. 《美国苹果用集体的智慧和力》. 第一财经日报, 2010. 3

40. 赵建国.《史蒂夫·乔布斯: 创新, 缔造苹果神话》. 中国知识产权报, 2010, 7

41. 林艾涛.《苹果iPad遭业界冷遇华尔街称乔布斯已失创新力》. IT时代周刊, 2010

42. 《乔布斯与精英主义经济学》. 纽约时报, 2010. 2

43. 万蕊. 《苹果: 一直被模仿从未被超越》. 商学院, 2010. 6

44. 于清教. 《从乔布斯健康问题反观苹果品牌窘境》. 中外管理杂志, 2009. 6

45. 段聪, 聪魏莱, 陈一. 《世界议论苹果创新之道》. 环球时报, 2010. 8

46. 《南方日报: 比尔·盖茨比乔布斯明智》. 南方日报, 2009. 1

47. 张愎. 《苹果: "右脑型公司" 如何基业长青》. 第一财经日报, 2010. 6

48. 龚伟同. 《技术创新毁了苹果, 何时将迷途知返》. 商务周刊, 2004. 2

49. 《乔布斯的课程成为教育家的帮主》, 环球企业业家, 2007. 11

50. 杨正莲. 《"乐phone'': 听上去很美》. 中国新闻周刊, 2010. 5

51. 杜晓光、林芬. 《苹果: 重新定义技术创新的意义》. 理财周, 2009, 10

52. 罗飞. 《苹果胜出的隐喻》. 证券市场周刊, 2010. 6

53. 黄智军.《iPad不能只玩惊艳》. 计算机世界报，2010. 2

54. 王逸凡.《苹果：让你想舔它》. 商业周刊，2008. 8

55. 尚希.《乔布斯如何“种”出好苹果》. 经营者，2009. 3

56. 李如一.《多面乔布斯：是魔鬼也是艺术家》. 东方企业家

57. 张亮.《创意工业的胜利——解读乔布斯奇迹》. 环球企业家，2005. 5

58. 周鸿棉.《跟乔布斯学创新》. 中国企业家，2010. 11

59. 《乔布斯是如何买洗衣机的》. 北京晚报，2009. 1

60. 《史蒂夫·乔布斯：让“苹果”重新“红”起来》，广州日报，2005. 10

61. 彭松.《创始人的收与放》. 南都周刊，2010. 10

62. 姜洪军.《NeXT和Pixar：乔布斯东山再起前传》. 中国计算机报，2010. 8

63. 《不死的乔布斯精神》.中国青年报，2009. 8

64. 林明军.《失去乔布斯，苹果将会怎》. 国际航空报，2008. 8

65. 王冰睿.《新政策利好Adobe与乔布斯态度突然软化》. IT时代周刊，2010. 10

66. 张绪旺.《IT大佬联合反击“嚣张”乔布斯》. 北京商报, 2010. 10

67. 《乔布斯成十年内美奖金最高高管》. 新京报, 2009. 11

68. 魏杰.《像乔布斯一样活着》. 互联网周刊, 2006. 11.

69. 米拉.《苹果的角斗士乔布斯》. 华夏时报, 2010. 5

70. 赵建国.《企业发展过程中的创新与专利》. 中国知识产权报, 2010. 7

71. 《战争, 口水, 乔布斯》. 21世纪经济报道, 2010. 10

72. 李洋.《给乔布斯提个醒: 别让傲慢伤到自己》. 第一财经周刊, 2010. 7

73. 《自相矛盾的苹果灵魂人物乔布斯》. 时代周刊, 2009. 8

74. 王兴栋.《乔布斯: 理解死亡才能从“心”出发》. 国际周刊, 2009. 6

75. 《乔布斯、韦尔奇和盖茨们的“传奇”人生的几何分析》. 环球企业家, 2008. 4.

76. 丁伟.《大洋此岸中国企业家问候: 欢迎回来乔布斯》. 中国企业家, 2009. 6

77. 马荟, 武佳.《苹果微软, 巅峰对决》. 互联网周刊,

2010. 6

78. 《苹果视微软发布Windows7为机遇》. 商业周刊, 2009. 10

79. 《苹果超越微软的不仅是市值》.新闻晨报, 2010. 6

80. 杜博.《苹果市值超越微软的7大转折点》. 中国企业家网, 2010. 5

81. 唐爽.《职场故事: 苹果第31号员工》. 申江服务导报, 2005. 12

82. 魏武挥.《渐进的苹果: 与乔布斯充满着恩怨情仇的伙伴》. 21世纪经济报道, 2009. 7

83. 《eNet硅谷动力: 盖茨乔布斯谈话启示》. 硅谷动力, 2007. 6

84. 贝齐·莫里斯。《〈财富〉专访乔布斯: 苹果的创新》, apple. us, 2008. 3。

85. 鼎宏, 张和.《乔布斯电话会议发言实录: Android是最大竞争者》, 新浪科技, 2010, 10

86. 〈花花公子〉刊登1985年乔布斯专访》. 新浪科技, 2010. 11

87. 张演雨.《苹果高管解读第四季度财报iPhone销售好于预期》. 搜狐网, 2010. 10

88. 孙欣.《宝洁：搞定消费者的秘密武器》. 中国经济网, 2010. 10

89. 柳传志.《柳传志：学会对自己无情“复盘”》. 网易财经, 2010. 9

90. 《让苹果吓一跳 你不了解的苹果乔布斯隐秘数据》. 中国企业家网, 2010. 11

91. 《乔布斯在2005年斯坦福大学毕业典礼上的演讲：我生命中的三个故事》. 酷勤网, 2008. 5

92. 乔布斯.《史蒂夫·乔布斯的十句名言》. 酷勤网, 2008. 4

93. 《乔布斯访谈录：苹果创新动力之源在哪里》.硅谷动力网, 2006. 4

94. 《美国大型科技企业CEO支持率排行：乔布斯高达98%》. 新浪科技, 2010. 8

95. 乔布斯.《乔布斯被英国〈卫报〉评为最具影响力的媒体人物》. 新浪科技, 2010. 7

96. 李明.《〈财富〈评全球科技界50位最聪明高管，乔布斯获冠军》. 新浪科技, 2010·7.

97. 乔布斯.《韩媒称乔布斯推销能力比苹果本身更可怕》. 新浪科技, 2010. 6

98. 杰·耶罗.《美博客：乔布斯D8数字　撒下10个弥天大谎》. 新浪科技, 2010. 6

99. 《福布斯：乔布斯迎来55岁生日》. 新浪科技, 2010. 2

100. 《乔布斯6大谎言：曾称苹果对手机业务没兴趣》, 新华网, 2010. 2

101. 《传乔布斯将推出自传讲述传奇人生》. 新浪科技, 2010. 2

102. 利安德·卡尼, 王文静译.《苹果CEO乔布斯如何工作》. 环球企业家, 2008. 7

103. 李瀛寰.《乔布斯康复苹果生病》. 时代周报, 2009. 9

104. 林明军.《乔布斯：失去我，苹果将会怎样》. 国际航空报, 2008. 8

105. 《失去乔布斯的苹果还会是业界明星吗》. IT时代周刊, 2009. 2

106. 孙班.《苹果公司的"饥饿式"病毒营销》. 第一财经日报, 2010. 1

107. 《苹果"炫"背后的营销启示.. 中国经营报, 2010. 9

108. 《苹果CEO乔布斯：全球最佳营销王》. 联合晚报, 2010. 6

109. 高凌云.《苹果iPod失意中国市场营销网络漏洞频

出》. 南方都市报, 2005. 5

110. CrisPrystay.《华尔街日报: 创新苹果战专利技术不敌营销》. 华尔街日报, 2006. 6

111. 《苹果:"1984''的新梦魇》. 21世纪经济报道, 2010. 10

112. 张亮.《与周鸿祎谈乔布斯》. 21世纪经济报道, 2010. 10

113. 《iPod名字由来》. 北京晚报, 2009. 2

114. 《"最受尊敬CEO" 30强排行榜乔布斯居榜首》. 财经周刊, 2010. 3

115. 李翔.《为什么人们崇拜乔布斯》. 经济观察报, 2009. 9

116. 肖锋.《Phone两张脸: 大众玩具VS小众符号》. 新周刊, 2010. 1

117. 黄河.《解密乔布斯的苹果直营店》. 环球企业家, 2008. 3

118. 白伟林.《乔布斯怒骂背后苹果的商业战争》. 精品购物指南, 2010. 2

119. 孙涤.《卓越源自内在驱动力》. 上海证券报, 2010. 11

120. 《Iphone4代升级的不只是技术，还有商业模式》.南方都市报，2010.6

121. 刘巳洋，张沈伟《中国能出现苹果应用程序店吗》.当代经理人，2010.10

122. 陈雪频.《苹果市值猛增的秘诀：商业模式的创新.环球企业家》，2010.8

123. 《封闭才是苹果的未来》.21世纪经济报道，2010.2

124. 《网盈利模式研究：苹果再燃移动音乐之梦》.商业周刊，2009.7

125. 《改变iPhone盈利模式料年底入华销售》.东方早报，2008.6

126. 毛启盈.《运营商应用商店一波三折饱受盈利模式困扰.通信信息报》，2010.9

127. 赵军.《傍上"苹果"好赚钱》.晶报，2010.10

128. 胡强.《"苹果皮"讽刺了中国式创新》.通信产业报，2010.9

129. 陈晓晟.《苹果中国"桥头堡"战略已触发产业链之争》，通信信息报，2008.10

130. 《乔布斯：手持400亿美元准备"大动作"》.中国企业家，2010.2

131. 项文.《创造苹果式销售奇迹的关键：建立商业生态圈》. 环球企业家, 2008. 2

132. 项有建.《剖析Appstore模式》. 通信世界周刊, 2010. 9

133. 陈亮.《苹果APPStore模式将不再赢利》. 通信世界周刊, 2009. 6

134. 孙燕飚.《中国苹果开发者能否复制APPStore模式》第一财经日报, 2010. 6

135. 于清教.《从乔布斯健康问题反观苹果品牌窘境》. 中外管理杂志, 2009. 6

136. 杜博.《苹果承认AppStore欺诈交易黄金模式受拷问》. 中国企业家, 2010. 7

137. 尤红梅.《苹果在中国是怎样变酸的》. 中国经营报, 2006. 6

138. FabriceGrinda.《iPhone战略：乔布斯的滑铁卢2. 0》. 中国企业家, 2010. 8

139. 胡雅清.《乔布斯：苹果的“新战略同盟”》. 中国经营报, 2010. 6

140. 赵垒.《苹果中国战略：傲慢与偏见》. 中华工商时报, 2009. 1

141. 晓雅.《AT&T的“苹果”还能甜多久》. 人民邮电报, 2009. 8

142. 《感恩节寄语: 假如乔布斯与苹果失之交臂》. 新浪科技, 2009. 11

143. 《苹果CEO乔布斯成过去10年美国奖金最高高管》. 新浪科技, 2009. 11

144. 《乔布斯击败扎克伯格成全美青少年最尊敬企业家》. 新浪科技, 2009. 11

145. 《苹果乔布斯: 疯狂增肥中》, 驱动之家, 2009. 9

146. Peter Elkind.《苹果公司CEO: 混蛋乔布斯》. 酷勤网, 2008. 4

147. 《财富: 乔布斯职业生涯10大经典时刻》. 新浪科技, 2009. 6

148. 查立.《“乔布斯”和“巧不死”》. 新浪博客, 2009. 12

149. 福布斯.《福布斯: 乔布斯“临终”前要做的5件事》. 新浪科技, 2008. 8

150. 《盖茨退休给乔布斯接班人计划敲响警钟》. TechWeb. com. cn, 2008. 7

151. 《盖茨离任微软仍是微软 乔布斯离开苹果将堕

落》. 赛迪网, 2008. 6

152. 丁刚.《人民日报: 使用iPad源自跟风心理》. 人民网, 2010. 10

153. 王伟.《让乔布斯去思考吧》. 新浪, 2010. 11

154. 米晓彬.《中国为何诞生不了微软和苹果这事儿》. eNet硅谷动力, 2010. 11

155. 《纽约时报: 苹果展望电脑新纪元, 重演淘汰软盘》. 新浪科技, 2010. 11

156. 《人不轻狂枉少年–乔布斯当年人事》. 泡泡网, 2010. 11

157. 《eWeek: 苹果不愿为白色iPhone4认错的10大理由》. 搜狐网, 2010. 10

158. 《苹果CEO乔布斯抨击Android是“误入歧途》. 国际电子商情, 2010. 10

159. 《福布斯: 盖茨全球影响力大于乔布斯》. 新浪科技, 2010. 11

160. 《新闻争鸣: 如果乔布斯成为Google首任CEO》. 搜狐网, 2010. 11

161. 《纽约时报: 苹果展望电脑新纪元重演淘汰软盘》. 新浪科技, 2010. 11

162. 《乔布斯拍卖1976年古董苹果电脑：起价15万英镑》，新浪科技，2010. 11

163. Skyangeles.《乔布斯亲自致电开发者解释软件被拒原因》. 驱动之家，2010.11

164. 娄向鹏.《苹果的“万有引力定律”》. 品牌中国网，2010. 9

165. 《2007年对话显示盖茨曾预见平板设备：乔布斯不看好》. 新浪科技，2010. 5

166. 《鲜为人知：APPLE重新赢利背后的心酸》. 搜狐网，2004. 1

167. 唐风.《谷歌批评苹果应用开发新规：有损开发者利益》. 新浪科技，2010. 6

168. 《AdMob创始人指责苹果阻碍创新》. 华军资讯，2010. 6

169. 林明军.《乔布斯：感性的完美主义者》. 腾讯科技，2007. 9

170. 《苹果产品功能升级，iPad引发销售热潮》. 新华网，2010. 4

171. 小贝.《苹果全面升级iPod系列产品iPodTouch最畅销》. 腾讯科技，2010. 9

172．闫星.《iPad“缺憾艺术”为苹果产品预留出升级空间》. 技术在线, 2010. 4

173．《乔布斯创新秘诀：卖的是梦想，不是产品》. 中国企业家网, 2010. 10

174．明轩.《乔布斯：开放难成赢家，谷歌RIM产品注定消亡》. 腾讯科技, 2010. 10

175．以军.《iPhone丢失：乔布斯恐缩减产品品种》. 驱动之家, 2010. 4

176．沈建缘.《乔布斯苹果：残忍的完美》, 2009. 5

177．《乔布斯：日本公司无力开发iPhone等产品》. 新浪科技, 2007. 5

178．王育琨.《乔布斯回归本真》. 中思网, 2008. 10

179．《乔布斯：iPhone市场份额是Android三倍》. 腾讯网, 2010.6

180．付玉辉.《从技术创新力到精准传播力》. 实力传播, 2010.10

181．李引亚.《从苹果iPod的创新谈起》. 新浪财经, 2006. 3

182．《乔布斯：苹果的时代感与独立性矛盾》.DONEWS, 2008. 1

183. 《苹果：上帝的独子》. 竞争力, 2010. 11

184. 仲继银.《苹果内战：乔布斯的不宣之秘》. 董事会, 2010. 8

185. 陈果.《乔布斯8条创新秘诀：对1000件事情说NO》. TechWeb, 2010. 9

186. 黄林.《乔布斯生存方式及苹果战略》. 哈佛商业评论网, 2010. 6

187. 白瑞.《新一代iPod缩水，乔布斯创新遭遇瓶颈》. 中关村在线, 2010. 9

188. 《乔布斯抨击Gawker作者邮件曝光：辨论苹果创》. 网易科技报道, 2010. 5

189. 陈洁.《苹果vs微软研发费用与技术创新不成正比》.苹果手机官网, 2010. 10

190. 《苹果：让创新落地》. 北大商业评论, 2008. 3

191. 杨骏.《乔布斯的健康与硅谷创新》. 新华网, 2009. 1

192. 管克江.《创新让“烂苹果”变成“金苹果”》. 人民网, 2010. 6.

193. 习熠.《创新要过三》.销售与市场, 2010. 4

194. 王佳.《苹果“万有引力定律”新解》. 中国经营网, 2010. 9

195. 《论IT企业的颠覆式创新》. 通信世界网, 2010.12

196. 曾立平.《全球500强CEO的创新烦恼》. 经理人, 2008. 10

197. Philip Elmer–DeWitt.《分析师: 乔布斯的“灵魂”已经制度化》, 2008. 12

198. 《皮克斯: 离经叛道的创业者震撼世界》. 商业价值, 2010. 10

199. 王育琨.《联想要向乔布斯学习》.NBA论坛 2009. 9

200. 《新闻评论: 苹果关注新汁算时代》. 搜狐IT, 2010. 11

201. 刘松.《宫本茂的童心和乔布斯的叛逆—设计哲学背后的文化基因》. 程序员, 2008. 2

202. 《ACEONA推荐: 乔布斯成功的秘密》. 网易财经, 2010.10

203. 阿灰.《乔布斯: 细节+体验+全局》. IT经理世界. 2010. 1

204. 《乔布斯: iPad是我从业以来最伟大的产品》. 太平洋网, 2011. 1

205. 《苹果CEO乔布斯: 苹果熟了》. 上海证券报, 2011. 2

206. 闫冰.《乔布斯“代班人”》. 财经国家周刊, 2011. 2

207. 王晶.《乔布斯生病的蝴蝶效应: 苹果跌, 三星涨》. 泡泡网, 2011. 1

208. 理查德·沃特斯.《FT年度人物: 乔布斯回归》, FT中文网, 2011. 1